Troens Måleenhet

For ved den nåde som er mig gitt,
sier jeg til enhver iblandt dere
at han ikke skal tenke høyere enn han bør tenke,
men tenke så at han tenker sindig,
alt etter som Gud har tilmålt enhver hans mål av tro.
(Paulus' brev til romerne 12:3)

Troens Måleenhet

Dr. Jaerock Lee

Troens Måleenhet av Dr. Jaerock Lee
Utgitt av Urim Bøkene (Representant: Kyungtae Noh)
73, Yeouidaebang-ro 22-gil, Dongjak-gu, Seoul, Korea
www.urimbooks.com

Alle rettigheter har blitt forbeholdt. Denne boken eller deler av den kan ikke bli kopiert i noen som helst form, oppbevart i ett oppbevarings system, eller utgitt i noen som helst form eller på noen som helst måte, elektronisk, mekanisk, kopiert, innspilt eller på noen annen måte uten forhånds tillatelse ifra forlaget.

Opphavsrettslig Beskyttet © 2016 av Dr. Jaerock Lee
ISBN: 979-11-263-0154-6 03230
Oversettelse er Opphavsrettslig Beskyttet © 2012 av Dr. Esther K. Chung.
Brukt ved tillatelse.

Tidligere utgitt i koreansk av Urim Bøkene i 2002.

Først Utgitt september 2016

Previously published in Korean in 2002 by Urim Books in Seoul, Korea

Redigert av Dr. Geumsun Vin
Formgitt av Urim Bøkenes Redigeringsbyrå
Trykket av Prione Boktrykkeri
For mer informasjon, ta kontakt med: urimbook@hotmail.com

Forord

Ønske om at hver eneste en av dere skal ha hele troen om åndens målestokk og nyte den evige og himmelske ære i det Nye Jerusalem hvor tronen til Gud befinner seg!

Sammen med den nylige utgitte *Korsets Budskap, Troens Måleenhet* er den mest fundamentale og viktigste veiledningen til et godt kristelig liv. Jeg gir all takken og æren til Gud Faderen som velsignet dette verdifulle arbeidet til å bli utgitt og som avslørte det spirituelle kongerike til utallige mennesker.

Det er mange mennesker i dag som påstår at de tror, men som ikke er sikre på deres frelse. De vet ikke hvor mye tro eller hvor stor en tro de må ha for å motta frelse. Mennesker snakker om en annen, "Dette menneske har stor tro," eller "Troen til det menneske er liten." Likevel er det ikke lett å vite hvor mye av din tro som Gud virkelig aksepterer eller hvordan vi kan måle hvor stor din tro er eller hvor mye den har vokst. Gud vil ikke at vi skal ha kjødelig tro, men åndelig tro sammen med handlinger. Mennesker sies å ha kjødelig tro hvis de bare hører og lærer Guds ord og så lærer det utenat og oppbevarer det som kunnskap. Vi kan ikke ha åndelig tro bare med egen vilje; det er bare Gud som kan gi det til oss.

Det er derfor at Paulus' brev til romerne 12:3 anbefaler oss, *"For ved den nåde som er meg gitt, sier jeg til enhver iblandt dere at han ikke skal tenke høyere enn han bør tenke, men tenke så at han tenker sindig, alt etter som Gud har tilmålt enhver hans mål av tro."* Dette avsnittet forteller oss at hver person har hans eller hennes egen spirituell tro som Gud har gitt oss, og Hans svar og velsignelser varierer i forhold til hvor mye tro hver persons har.

Apostelen Johannes' første brev 2:12 og de følgende versene beskriver hver persons utvikling av deres tro som troen til spedbarn/unge barn, barn, ungdom, og fedre. I Paulus' brev til korintierne 15:41 står det, *"En glans har solen, og en annen månen, og en annen stjernene; for den ene stjerne skiller seg fra den andre i glans."* Avsnittet minner oss om at hver persons himmelske bosted og ære er forskjellig i følge hvor mye tro han eller henne har. Det er viktig å motta frelse og gå til himmelen, men å vite hvilket bosted i himmelen som vi vil komme inn i og hva slags krone og belønninger vi vil motta er viktigere.

Kjærlighetens Gud vil at Hans barn skal stige til den høyeste troen, ser frem til deres stigning inn til det Nye Jerusalem hvor Hans trone er, og lengter etter å kunne leve med dem der i all evighet.

I følge Guds hjerte og undervisning om Guds budskap,

Troens Måleenhet klargjør fem nivåer om troen og himmelens kongerike, og hjelper leseren måle hans eller hennes egen tro. Målingen av hvor mye tro en har og vedrørende bosteder i det himmelske kongeriket kan bli delt opp i mer enn fem nivåer, men dette arbeidet er utarbeidet på fem nivåer for å hjelpe leserne å lettere forstå. Jeg håper at du kan gå mot himmelen mere energisk ved å sammenligne hvor mye tro du har i forhold til dine forfedres tro i Bibelen.

Mange år tilbake hadde jeg bedt om å motta åpenbaringer vedrørende noen av versene i Bibelen som var vanskelige å forstå. Så en dag begynte Gud å forklare meg at himmelens rike er delt opp, og himmelens bosteder som er gitt til hver av Hans barn er forskjellig i forhold til hans eller hennes tro.

Etterpå, ba jeg for de himmelske stedene og for troens måleenhet, og redigerte beskjedene for utgivelse av dette arbeidet. Jeg takker Geumsun Vin, direktør og mange troverdige arbeidere i det redaktør byrået. Jeg takker også oversettelses byrået.

Må alle leserne av *Troens Måleenhet* oppnå full styrke av troen, troen om hele ånden, og nyte den evige ære i det Nye Jerusalem hvor tronen til Gud befinner seg. Slik ber jeg i vår Herre Jesus Kristus navn!

Jaerock Lee

Introduksjon

I håp om at dette arbeidet vil bli en uvurderlig rådgiver når det kommer til måling av den enkelte personens tro og vil lede mangfoldige mennesker til den mengde tro som tilfredstiller Gud....

Troens Måleenhet gransker i de fem nivåene av troen fra målingen av troen fra de spirituelle spedbarna/småbarna som akkurat har akseptert Jesus Kristus og mottat den Hellige Ånd, til målingen av troen av fedre som kjenner til Gud, de som kommer fra begynnelsen. Gjennom dette arbeide kan hvem som helst beregne måleenheten av sin egen tro.

1. kapittel, "Hva er Tro?" forklarer om troen og utarbeider i detaljer hvilken type tro som tilfredstiller Gud og hva slags svar og velsignelse som følger den troen som er akseptert av Gud. Bibelen klassifiserer troskap i to deler: "kjødelig tro" eller "å ha troen som kunnskap," og "åndelig tro." Dette kapitlet viser oss

hvordan vi kan få åndelig tro og leve et velsignet liv med Kristus. Basert i store deler på Johannes' 1. brev 2:12-14, det andre kapittelet, "Utvikling av Den Åndelige Troen," beskriver prosessen om veksten av den spirituelle troen i likhet med veksten av menneskene fra de var spedbarn/småbarn, barn, ungdom, og til fedre. Med andre ord, etter at en person aksepterer Jesus Kristus, vokser han opp spirituellt i hans tro: fra et spedbarns tro til den voksnes tro.

3. kapittel, "Måleenheten av Hver Enkelt Persons Tro," målingen av troen til hver enkelt person er forklart med lignelse om arbeide om hva troens strå, høy, tømmer, dyrebare stener, sølv, og gull etterlater seg etter brannen. Gud vil at vi skal beholde troen like som gull hvor arbeidet aldri er brent i noen som helst forferdelige prøver.

4. kapittel, "Troen Til å Motta Velsignelse," klarlegger den minste eller laveste måling av troen – den første av fem nivåer av troen. Med en slik type tro, mottar en skamfull velsignelse. En slik måling av troen er også kalt "spedbarns/småbarns tro" eller "høyets tro." Gjennom detaljerte eksempler, anbefaler kapittelet oss om å vokse fort i troen.

5. kapittel, "Tro ved å Prøve å Leve Etter Guds Ord," forteller oss at vi er på troens andre nivå når vi prøver, men klarer ikke å holde Guds Ord, og vi har store vanskeligheter med å holde fast ved vår tro på Herren ved dette trinnet. Dette kapittelet viser oss også hvordan vi kan gå videre med vår tro til det tredje nivået.

6. kapittel, "Troen om å Leve Etter Guds Ord," undersøker om den kortvarige prosessen hvor troen begynner på første nivået, vokser til det andre nivået, flytter til det første stadiet av tredje nivået, og øker til den faste troen hvor du vil ha oppnådd

mer enn 60% av troen på det tredje nivået. Detter kapittelet utarbeider også forskjellen mellom det tidligere stadiet av det tredje nivået og den klippefaste troen, hvorfor vi ikke trenger å føle oss tunge når vi står fast på den solide troen, og viktigheten om makten mot syndene helt til den grad hvor vi blør.

7. kapittel, "Troen Om å Elske Herren Til Den Høyeste Grad," forklarer om mange forskjeller mellom menneskene på det tredje nivået av troen og menneskene på det fjerde nivået av troen med hensikt til kjærlighet til Herren, og undersøker om forskjellige typer velsignelser som kommer til de som elsker Herren mer enn noe annet.

8. kapittel, "Troen Til å Tilfredsstille Gud," forklarer hvordan det femte nivået av troen er. Dette kapittelet viser oss at for å kunne oppnå troens femte nivå, kan vi ikke bare helhjertet innvie oss selv slik som Enoch, Elijah, Abraham, eller Moses gjorde, men også være troverdige i alle Guds hus ved å utføre alle forpliktelser utgitt av Gud. I tillegg må vi være perfekte til den grad hvor vi gir våres egne liv til Herren og bevarer troen til Herren, troen til hele sjelen. Til slutt, dette kapittelet går i detaljer om hva slags velsignelser vi kan forvente oss å nyte når vi tilfredsstiller Gud på troens femte nivå.

Det følgende kapittelet, "Fulgt av Under De Som Har Trodd," forteller oss at når vi oppnår perfekt tro, vil vår tro bli ledsaget av vidunderlige mirakler. Dessuten, som basert på Jesus løfte i Markus' evangeliet 16:17-18, kapittelet undersøker disse miraklene nærmere en etter en. I dette kapittelet, understreker forfatteren også at en prest skal levere mektige beskjeder som blir ledsaget av vidunderlige mirakler og vitner til den levende Gud med de miraklene for å gi sterk tro til utallige mennesker, på en tid hvor verden er full av synder og ondskap.

Til slutt, 10. kapittel, "Forskjellige Himmelske Bosteder og Kroner," antyder at det er mange bosteder i det himmelske kongeriket, at hvem som helst kan komme inn i det bedre bostedet med troen, og at ære og belønninger er sett på forskjellig fra et rike i himmelen til et annet. Især for å kunne hjelpe lesere skynde seg til det bedre bostedet med håp om å kunne nå himmelen og troen, dette kapittelet avslutter med en kort beskriving om skjønnheten og underene til det nye Jerusalem hvor tronen til Gud befinner seg.

Hvis vi forstår at det er bemerkelsesverdige forskjeller i de himmelske bostedene og belønninger i forhold til måleenheten av hver persons individuelle troskap, ens holdning til Kristus liv vil bli utvilsomt og grundig forvandlet.

Jeg håper at hver leser av *Troens Måleenhet* vil inneholde den type tro som tilfredsstiller Gud, mottar hva enn han spør om og velsigner Ham høyt.

Geumsun Vin
Direktør i Redaktørbyrået

Innehold

Forord

Introduksjon

1. kapittel
{ Hva er Tro? } • 1

1. Den Definisjonen av Troen som Gud Aksepterer
2. Makten til Troen Har Ingen Grense
3. Kjødelig Troskap og Åndelig Troskap
4. Å Ha Spirituell Tro

2. kapittel
{ Utvikling av Den Åndelige Troen } • 25

1. Troen til Spedbarn/Småbarn
2. Troen til Barn
3. Troen til Ungdom
4. Troen til Fedrene

3. kapittel
{ Måleenheten av Hver Enkelt Persons Tro } • 41

1. Troens Måleenhet Gitt av Gud
2. Forskjellig Måling av Hver Enkelt Persons Tro
3. Troens Måleenhet Satt På Prøve av Ilden

4. kapittel
{ Troen Til å Motta Velsignelse } • 57

1. Troens Første Nivå
2. Har Du Mottatt Den Hellige Ånd?
3. Troen Til De Kriminelle Som Angret
4. Ikke Undertrykk Den Hellige Ånd
5. Var Adam Frelset?

5. kapittel
{ Tro ved å Prøve å Leve Etter Guds Ord } • 71

1. Troens Andre Nivå
2. Det Vanskeligste Trinnet i Livet er Troen
3. Troen Til Isralittene Under 2. Mosebok
4. Med Mindre Du Tror og Adlyder
5. Umodne og Modne Kristne

6. kapittel
{ Troen om å Leve Etter Guds Ord } • 89

1. Troens Tredje Nivå
2. Til Du Når Den Klippefaste Troen
3. Kjempe Mot Synden Helt Til Du Blør

7. kapittel
{ Troen Om å Elske Herren Til Den Høyeste Grad } • 113
1. Troens Fjerde Nivå
2. Din Sjel Blomstrer
3. Elske Gud Uten Forbehold
4. Elske Gud Over Allt Annet

8. kapittel
{ Troen Til å Tilfredsstille Gud } • 145

1. Troens Femte Nivå
2. Troen Til å Ofre Ens Eget Liv
3. Troen Til å Åpenbare Under og Tegn
4. Å Være Troverdig I Alle Guds Hus

9. kapittel
{ Fulgt av Under De Som Har Trodd } • 175

1. Kaste ut Djevelene
2. Snakke med Nye Tunger
3. Plukke Opp Slanger Med Dine Hender
4. Ingen Dødelig Gift Skader Deg I Det Hele Tatt
5. De Syke Er Helbredet Når Du Legger Dine Hender På Dem

10. kapittel
{ Forskjellige Himmelske Bosteder og Kroner } • 195

1. Himmelen Besatt Bare Av Troen
2. Himmelen Har Blitt Rammet Av Vold
3. Forskjellige Bosteder og Kroner

1. kapittel

Hva er Tro?

1
Den Definisjonen av Troen som Gud Aksepterer
2
Makten til Troen Har Ingen Grense
3
Kjødelig Troskap og Åndelig Troskap
4
Å Ha Spirituell Tro

*"Men tro er full visshet om det som håpes,
overbevisning om ting som ikke sees.
For på grunn av den fikk de gamle godt
vidnesbyrd.
Ved tro skjønner vi
at verden er kommet i stand ved Guds ord,
så det som sees, ikke ble til
av det synlige."*
(Brevet til hebreerne 11:1-3)

Mange ganger i Bibelen, finner vi at hva vi ikke kan håpe på i virkeligheten skjedde og hva som er umulig ved menneskenes makt var utrettet og gjennomført med Guds makt. Moses førte isralittene gjennom det Røde Havet, ved å dele vannet inn i to vegger, og de krysset det som om de spaserte på tørr jord. Joshua ødelagte byen Jeriko ved å marsjere rundt den tretten ganger. Gjennom Ellijahs bønner, ga himmelen regn etter tre og et halvt års tørke. Peter ba en person som var født ufør om å stå opp og gå, mens apostelen Paulus gjennopplivet en ungdom som falt ned fra tredje etasje og døde. Jesus spaserte på vannet, roet ned stormfulle bølger og vind, lot de blinde se, og gjenopplivet en mann som hadde vært begravd i en grav i fire dager.

Troens makt er umålelig og alt er mulig med den. Akkurat som Jesus forteller oss i Markus 9:23, *"'Hvis du kan?' Alle ting er mulig for han som tror,"* du kan motta alt du tror på bare du har den troen som Gud aksepterer.

Hva slags tro er det så som Gud aksepterer og hvordan kan du ha den?

1. Den Definisjonen av Troen som Gud Aksepterer

Mange mennesker i dag påstår at de tror i Gud den Allmektige, men mottar ikke Hans svar til deres bønner fordi de ikke har sann tro. Hebreerne 11:6 sier, *"Men uten tro er det umulig å tekkes Gud; for den som treder frem for Gud, må tro at Han er til, og at Han lønner dem som søker Ham."* Gud forteller oss klart og tydelig at vi må tilfredsstille Ham med sann troskap. Ingenting er umulig når du har en perfekt tro. Tro er grunnlaget til et godt kristelig liv og løsningen til Guds svar og vesignelser. Men fremdeles er det så mange mennesker som ikke kan nyte Hans velsignelser eller motta frelse på grunn av at de ikke kjenner til den eller har sann tro.

Troen er realisering av tingene man håper på, beviset på ting som ikke kan sees

Hva så, er troen som Gud aksepterer? *Websters Nye Verdens Universitets Ordbok* beskriver "tro" som "lojal tro som ikke trenger noen bevis eller forklaring" eller "lojal tro på Gud, religiøs grunnsetning, o.s.v." Tro er *pistis* på gresk, som menes "Å være bestemt eller trofast." Det er beskrevet i Hebreerne 11:1 slik: *"Men tro er full visshet om det som håpes, overbevisning om ting som ikke sees."*

"Bekreftelse på de ting som man håpet på" refererer til hva vi håper skal vise seg som en virkelighet fordi vi er sikre på at det allerede har blitt gjennomført. For eksempel, hva ønsker en syk person som lider av store smerter mest? Hans ønske er naturligvis å bli helbredet av hans sykdom og få tilbake sin gode helsen, og han skal ha tro nok til å bli sikker på forbedrelsen. Med andre ord, god helse blir en realitet til ham hvis han har en perfekt tro.

Neste, "domfellelse av det man ikke ser" refererer til våre ingredienser og innhold, med spirituell tro, sikker til og med i virkeligheten hvor ikke alt er synlig for våre blotte øyne.

Derfor gjør troen det mulig for deg å tro at Gud skapte alle ting fra ingenting. Troens forfedre mottok "betingelsene på hva de håpet på" som en virkelighet med tro, og "overbevisning om hva de ikke så" som virkelige ting og begivenheter. På den måten, erfarte de Guds makt som lager noe ut av ingenting.

På måten hvor forfedre av troen gjorde det, de som trodde at Gud skapte alle ting ut av ingenting kan tro på at Han skapte alle ting i himmelen og jorden med Hans ord i begynnelsen. Det er sant at ingen så at Han skapte himmelen og jorden med sine egne øyne, på grunn av at det skjedde før menneskene var skapt. Men likevel tror folk som har troen uten noen som helst tvil at Gud skapte alt fra ingenting bare på grunn av at de tror.

Derfor, Hebreerne 11:3 minner oss om, *"Ved troen forstår vi at verdenene var laget av Guds ord, slik at det som kan sees ikke var laget av ting som er synlige."* Når Gud sa, *"La det bli lys,"* var det lys (første Mosebok 1:3). Når Gud sa, *"La jorden gro gress, urter som sår seg, frukttrær som bærer frukt med deres frø i."* Alt var hva Gud kommanderte (første Mosebok 1:11).

Alle ting i verden som vi ser med våre blotte øyne var ikke laget av noen som helst synlige stoffer. Men uansett tror mange mennesker at alle ting har vært laget av synlige ting, men tror ikke på at Gud skapte dem ut av ingenting. De menneskene har aldri lært, sett, eller hørt at ting kan bli laget ut av ingenting.

Lydighets handlinger er bevis på troen

For å kunne tro på det som ikke er mulig, og lage det til en realitet, må du ha bevis på troen som Gud godkjenner. Med andre ord, du må vise bevis på at du adlyder Guds ord på grunn av din tillit til Hans Ord. Hebreerne 11:4-7 nevner forfedrenes tro som ble erklært rettferdig av deres tro på grunn av at de hadde og demonstrerte tydelig bevis på deres tro: Abel var lovpriset som en rettferdig mann ved å ofre Gud offer med blod som var akseptert av Gud; Enoch var lovpriset som en som tilfredstilte Ham ved å bli fullstendig renset; og Noah ble arvingen til rettferdigheten ved å bygge frelsens ark med hans tro.

La oss undersøke fortellingen om Kain og Abel i første Mosebok 4:1-15 for å kunne forstå den sanne troen som er godkjent av Gud. Kain og Abel var sønnene til de som Adam og Eva fødte på jorden etter at de hadde blitt drevet fra Edens Have på grunn av deres ulydighet til Gud, *"Du må ikke spise av det treet med kunnskapet om godt og ondt"* (første Mosebok 2:17).

Adam og Eva angret på at de hadde vært ulydige fordi de hadde fått erfare smertene ved å måtte arbeide hardt og den større smerten av barnefødsel som verden hadde blitt forbannet med. Adam og Eva lærte deres barn iherdig om viktigheten med lydighet. De har helt sikkert måttet lært Kain og Abel at de må leve etter Guds ord, og lagt vekt på at de aldri måtte være ulydige mot Hans befalinger.

I tillegg, foreldrene måttet ha fortalt barna deres at de burde ta et dyr som et offer og gi dens blod til Gud som en ofring av

deres synder. Derfor visste Kain og Abel at de måtte gi Gud blodet som en ofring om tilgivelse av deres synder.
Etter lang tid, sviktet Kain Gud akkurat som hans mor Eva hadde vært ulydig mot Guds ord. Han var en bonde og ga sitt offer med korn fra jorden som han syntes passet. Men Abel var en sauegjeter og ofret sin førstefødte i flokken sin og dens fettporsjon, akkurat som Gud hadde kommandert ham gjennom hans foreldre. Gud aksepterte offeret til Abel, men ikke det til Kain fordi han ikke hadde adlydd Hans befaling. Som resultat var Abel hedret som en rettferdig mann (hebreerne 11:4). Denne fortellingen vedrørende Kain og Abel forteller oss at Gud har tillit til deg og godkjenner deg til det omfang om at du stoler på Hans ord og adlyder det; forholdene om Moses og Enok vitner også til dette faktum.

Beviset på troen er handlinger om lydighet. Derfor må du huske at Gud godkjenner og forsikrer deg når du viser Ham beviset på din tro ved å hele tiden adlyde Hans ord med handlinger, og prøver å adlyde Ham under alle omstendigheter.

Tro bringer svar og velsignelser

På denne måten, burde du følge veien til Guds ord slik at du kan starte fra "der du ønsker" med troen, og rekke "innholdet av hva du håper på." Hvis du ikke følger Guds vei akkurat som Kain kom seg på avveie, på grunn av at veien er tung eller vanskelig for deg, kan du ikke få Guds svar og velsignelser i følge lovene til det spirituelle riket.

Hebreerne 11:8-19 forteller oss i detaljer om Abraham som demonstrerte hans hengivne gjerninger til Guds ord som bevis på hans tro. Han dro fra hans eget land med troen som Gud befalte ham. Til og med når Gud befalte ham om å gi hans eneste elskede sønn Isak som offer, som Gud hadde gitt ham når han var 100 år gammel, adlød Abraham med en gang på grunn av at han hadde troen om at Gud ville gjennopplive hans sønn fra de døde. Han ble gitt betydnigsfulle velsignelser og svar fra Gud på grunn av at hans tro var godkjent med hans adlydende handlinger:

> *Og Herrens engel ropte ennu en gang til Abraham fra himmelen og sa: "Ved meg selv sverger jeg, sier Herren: Fordi du gjorde dette og ikke sparte din eneste sønn, så vil jeg storlig velsigne deg og gjøre din ætt såre tallrik, som stjernene på himmelen og som sanden på havets bredd, og din ætt skal ta sine fienders porter i eie; og i din ætt skal alle jordens folk velsignes, fordi du lød mitt ord"* (første Mosebok 22:15-18).

I tillegg finner vi i første Mosebok 24:1 at *"Abraham var nu gammel og langt ute i årene; og Herren hadde velsignet Abraham på alle måter."* Jakob 2:23 minner oss også på, *"Og Skriften ble oppfylt, som sier: 'Abraham trodde Gud, og det ble regnet ham til rettferdighet,' og han ble kalt Guds venn."*

På toppen av det var Abarham veldig velsignet på alle måter på grunn av at han stolte på Gud som kontrollerte alle de levende og de død tingene, velsignelsene og forbannelsene, og ga alt til Ham. På samme måte, kan du nyte Guds velsignelser på alle måter og motta svar til hva du enn spør om når du forstår den riktige forklaringen på troen og viser beviset på din tro med gjerninger med perfekt adlydelse, slik som Abraham hadde gjort det så mange ganger.

2. Makten til Troen Har Ingen Grense

Du kan ha samhørighet med Gud ved troen på grunn av at troen er som den første porten til det spirituelle riket i den firedimensjonale verdenen. Bare når du går gjennom den første porten vil dine spirituelle ører åpne seg slik at du kan høre Guds ord, og dine spirituelle øyne åpner seg slik at du kan se det spirituelle riket.

På grunn av dette vil du leve etter Guds ord, motta hva du enn spør om i troen, og leve lykkelig med håp om å komme til kongerike i himmelen. Dessuten, når ditt hjerte er fyllt med glede og takknemlighet og når håp om himmelen overfyller ditt liv, vil du elske Gud over alt annet og tilfredsstille Ham.

Da vil verden ikke lenger bli verdig av deg og din tro, på grunn av at du vil ikke bare bli et vitne til Herrens makt som er gitt til deg av Den Hellige Ånd, men også bli trofast til Ham helt til døden og elske Gud med hele ditt hjerte på samme måte som apostelen Paulus hadde gjort.

Verden er ikke verdig med troens makt

Når en beskriver troens makt, hebreerne 11:32-38 illustrerer troen til forfedrene,

> *Og hvorfor taler jeg lenger? Tiden ville bli meg for kort om jeg skulle fortelle om Gideon og Barak og Samson og Jefta, om David og Samuel og profetene, som ved tro seiret over kongeriker, håndhevde rettferdighet, fikk løfter oppfylt, stoppet gapet på løver, slukket ildens kraft, slapp fra sverds egg, fikk styrke igjen etter sykdom, ble veldige i krig, fikk fienders hærer til å vike; kvinner fikk sine døde igjen ved oppstandelse; andre ble utspent til pinsel og ville ikke ta imot utløsning, forat de kunne få del i en bedre oppstandelse; andre fikk lide spott og hudstrykning, ja bånd og fengsel; de ble stenet, gjennemsaget, fristet; de døde for sverd; de flakket omkring i fåreskinn, i gjeteskinn, de led mangel, trengsel, hård medferd—verden var dem ikke verd—de vanket om i utørkener og fjell og huler og jordkløfter.*

Mennesker som har tro hvor verden ikke er verdig kan ikke bare gi opp deres jordlige ære og rikdommer, men også deres liv. Akkurat som Johannes 1. brev 4:18 forteller, *"Frykt er ikke i kjærligheten, men den fullkomne kjærlighet driver frykten ut; for frykt har straffen i seg; men den som frykter, er ikke blitt fullkommen i kjærligheten,"* frykten vil forsvinne i forhold til hvor mye kjærlighet du har.

Hva som er umulig for menneskene blir mulig med Guds makt. En av Hans profeter Elias vitnet til den levende Gud ved å bringe dem ilden ifra himmelen. Elias reddet hans land ved å finne ut, med inspirasjon fra Den Hellige Ånd, hvor fiendens leir fant sted. Daniel overlevde i en hule med sultne løver.

I det nye testamentet var det mange mennesker som ga opp deres egne liv for Herrens budskap. James, en av de tolv disiplene til Jesus vår Herre, ble den første martyr blant dem når han ble drept med et sverd. Peter, hoved disiplen til Jesus Kristus, var korsfestet opp ned. Med hans store kjærlighet til Herren, var apostelen Paulus glad og takknemlig til Gud til og med når han satt i fengsel og var nesten drept og slått mangfoldige ganger. Han var til slutt halshugget og ble en stor martyr for Herren.

Dessuten, mangfoldige kristne var oppslukt av løvene i Colosseumet i Roma eller måtte leve i katakomber uten å noensinne se solen helt til deres død på grunn av grusom forfølgelse av det romerske keiserdømme. Apostelen Paulus holdt godt fast på hans tro under alle omstendigheter og overvant verden med stor tro. Han kunne derfor erkjenne, *"Hvem vil skille oss fra Kristi kjærlighet? Trengsel eller angst eller forfølgelse eller hunger eller nakenhet eller fare eller sverd?"* (Paulus' brev til romerne 8:35)

Troen gir svar til hvilken som helst problemer

Det var en episode hvor Jesus så troen til en paralytiker og hans venner, sa til ham i Markus 2, *"Sønn, dine synder er tilgitt,"* (v. 5) og paralytikeren ble helbredet momentant. Når folk hørte at Jesus var på Capernaum, mange stormet til og det var til slutt ikke mere plass, ikke engang utenfor døren. Paralytikeren, som var bært av hans venner, kunne ikke møte Jesus på grunn av folkemengden, så vennene hans lagde et hull i taket rett over Jesus og, etter at de hadde skjært seg gjennom, senket ned matten som deres paralyserte venn lå på. Jesus så på deres handling som bevis på deres tro og tilga den paralyserte hans synder, ved å si, *"Sønn, dine synder er tilgitt"* (v. 5).

Likevel var det noen rettslærere som satt der skeptisk og tenkte til seg selv, *"Hvorfor taler denne mannen så? Han spotter Gud! Hvem kan forlate synder uten en, det er Gud?"* (v. 7) Jesus sa til dem:

"Hvorfor tenker dere slikt i deres hjerter? Hva er lettest, enten å si til den verkbrudne: 'Dine synder er deg forlatt,' eller å si: 'Stå opp og ta din seng og gå?'" (Markus 2:8-9)

Da kommanderte Jesus den paralyserte, *"Jeg sier deg: Stå opp og ta din seng og gå hjem til ditt hus"* (v. 11). Mannen som hadde vært paralysert stod opp, plukket opp hans matte, og gikk ut av huset midt foran øynene på alle menneskene i og rundt huset. De var forskrekket og æret Gud ved å si, *"Vi har aldri sett noe slikt"* (v. 12).

Denne fortellingen forteller oss at alle problemene i vårt liv kan bli løst når vi er tilgitt våre synder med troen. Dette er på grunn av at to tusen år tilbake, Jesus vår Frelser åpnet veien til frelse ved å befri oss fra alle slags problemer i livet som synd, død, fattigdom, sykdommer, og andre ting (For mer om dette, venligst henvis til *Korsets Budskap*).

Du kan motta alt hva du spør etter hvis du er tilgitt dine synder om å ikke ha levd etter Guds ord. Han lover deg i

Hva er Tro?

Johannes 1. brev 3:21-22, *"I elskede! Dersom vårt hjerte ikke fordømmer oss, da har vi frimodighet for Gud, og det vi ber om, det får vi av ham; for vi holder hans bud og gjør det som er ham til behag."* På den måten, mennesker som ikke har noen vegg med synder mot Gud kan spørre Ham modig og motta alt hva de spør etter.

Derfor i Matteus 6 Jesus la trykk på at du ikke skal bekymre deg for hva du skal ha på deg, hva du skal spise, og hvor du skal bo, men i stedet skal du først søke Guds rettferdighet og Hans rike:

> *Derfor sier jeg dere: Vær ikke bekymret for deres liv, hva dere skal ete og hva dere skal drikke, eller for deres legeme, hva dere skal kle dere med! Er ikke livet mere enn maten, og legemet mere enn klærne? Se på himmelens fugler: De sår ikke, de høster ikke, de samler ikke i lader, og deres himmelske Fader før dem allikevel. Er ikke de meget mere enn de? Og hvem av dere kan med all sin bekymring legge en alen til sin livslengde? Og hvorfor er de bekymret for klærne? Akt på liljene på marken, hvorledes de vokser; de arbeider ikke, de spinner ikke; men jeg sier dere: Enn ikke Salomon i all sin herlighet var kledd som en av dem. Men klær Gud således gresset på marken, som står idag og imorgen kastes i ovnen, skal han da ikke meget mere kle dere, I lite troende? Derfor skal de ikke være bekymret og si: 'Hva skal vi ete, eller hva skal vi drikke?' eller 'Hva skal vi kle oss med?' For alt slikt søker hedningene etter, og deres*

himmelske Fader vet at de trenger til alt dette. Men søk først Guds rike og Hans rettferdighet, så skal de få alt dette i tilgift (Matteus 6:25-33).

Hvis du virkelig tror på Guds ord, vil du først søke Hans rike og Hans rettferdighet. Guds løfter er troverdige akkurat som noterte sjekker, og Han legger til alle ting du trenger ifølge Hans løfte, slik at du ikke bare har frelse og evig liv men også kan vokse i alt hva du gjør i dette livet.

Troen kontrollerer til og med de naturlige fenomen

Gjennom Matteus 8:23-27, lærer vi om troens makt som beskytter deg fra all slags farlig vær og klima, og gjør det mulig for deg å kontrollere dem. Med troen er alt virkelig mulig.

Han gikk da i båten og Hans disipler fulgte Ham. Og se, det ble en stor storm på sjøen, så at båten skjultes av bølgene; men Jesus selv sov. Da gikk disippelen til Ham og vekket Ham og sa: "Herre, frels oss! Vi går under." Og Han sa til dem: "Hvorfor er dere redde, er dere lite troende?" Så stod Han opp og truet vinden og sjøen, og det ble blikkstille. Men mennene undret seg og sa: "Hva er dette for en, som både vinden og sjøen er lydige mot?"

Denne fortellingen forteller oss at vi behøver ikke frykte noen som helst voldsomme stormer eller bølger, men at vi kan til og med kontrollere slike natur fenomen hvis vi bare har troen. Hvis vi skulle oppleve den voldsomme styrken til troen som kan kontrollere været og klimaet, må vi stole fult og fast på troen slik som Jesus gjør, og tro at alt er mulig. Det er derfor hebreerne 10:22 minner oss om, *"Så la oss trede frem med sanndru i hjerte i troens fulle visshet, renset på hjertene fra en ond samvittighet og tvettet på legemet med rent vann."* Bibelen forteller oss at vi kan motta svar til hva vi enn spør om og gjøre større ting enn hva Jesus gjorde hvis vi bare har den fulkomne tro.

Sannelig, sannelig sier jeg dere: Den som tror på meg, han skal også gjøre de gjerninger jeg gjør; og han skal gjøre større enn disse; for jeg går til min Fader. Hva som helst dere ber om i Mitt navn, det vil jeg gjøre, forat Faderen skal bli herliggjort i Sønnen (Johannes' evangelium 14:12-13).

Du må derfor forstå at troens makt er veldig mektig og oppnå en slik tro som Gud spør om og som Han er fornøyd med. Bare da vil du ikke bare motta svar til hva du spør om, men kan også gjøre mektigere ting enn hva selve Jesus gjorde.

3. Kjødelig Troskap og Åndelig Troskap

Når Jesus sa til en centurion som kom til Ham med tro, *"Det skal bli gjort for deg akkurat som du tror,"* centurions tjener var helbredet øyeblikkelig (Matteus 8:13). På denne måten, en sann tro er fulgt av svar fra Gud. Så hvorfor er det at mange mennesker ikke kan få noe svar på deres bønner fordi om de påstår at de tror på Herren? Det er på grunn av at du kan ha spirituell tro hvor du kan ha samhørighet med Gud og motta Hans svar, og kjødelig tro hvor du ikke får noe svar på grunn av at det ikke har noe med Ham å gjøre. La oss så studere forskjellen mellom de to forskjellige typer tro.

Kjødelig tro er en slik tro som kunnskap

"Kjødelig tro" henviser til den type tro hvor du tror på noe på grunn av at du kan se det med dine egne øyne og at det er i samtykke med din egen kunnskap eller logikk. Denne type tro er ofte kalt "kunnskapens tro" eller "tro akseptabel med fornuft."

For eksempel, de som ikke bare så en produksjons prosess av et skrivebord i tre, men også hørte om det vil uten tvil tro når andre sier, "Et skrivebord er laget av tre." Hvem som helst kan ha en slik tro, fordi han tror at noe er laget ut av noe. Det vil si, mennesker tror alltid at de bare kan lage ting ut av synlige ting.

Mennesker setter inn og oppbevarer kunnskap i hukommelsessystemet i deres hjerne fra det øyeblikket de er født. De husker hva de har sett, hva de hører og hva de lærer fra deres foreldre, søsken, naboer, eller på skolen, og bruker denne kunnskapen som er notert i hjernen når de trenger den.

Blandt de oppbevarte kunnskapene, er det mange usanne som ligger i kontrast med Guds ord. Hans ord er sannheten som aldri forandrer seg, men mesteparten av din kunnskap er løgn som forandrer seg med tiden. Likevel ser folk på løgner som sannhet på grunn av at de ikke helt kjenner til den egentlige sannheten. For eksempel, folk anser teorien om evolusjon som sann på grunn av at det er det de har blitt lært i skolen. De tror derfor ikke at noe kan bli laget ut av ingenting.

Kjødelig tro er død tro uten handling

Først har mennesker vanskelig for å akseptere at Gud skapte noe ut av ingenting selv om de går i kirken og hører på Guds ord, fordi kunnskapen som de har fått ifra fødselen er i strid med Hans Ord. De tror ikke på miraklene i Bibelen. De tror på Guds ord når de er fulle av Den Hellige Ånd og velsignelse, men begynner å tvile når de mister velsignelsen. De begynner til og med å tenke at svarene som de fikk ifra Gud var oppnådd ved en tilfeldighet.

Mennesker med kjødelig tro har derfor konflikter i deres hjerter, og tilstår ikke innerst inne, selv om de med deres lepper påstår at de tror. De har hverken nærhet med Gud eller er elsket av Ham fordi de ikke lever etter Hans Ord.

Her er et eksempel. I det hele tatt er det riktig å hevne seg på ens fiende, men Bibelen lærer oss at vi må elske våre fiender og snu vårt venstre kinn til hvis noen slår oss på vårt høyre kinn. En person med kjødelig tro må slå tilbake for å føle seg tilfredsstilt når noen slår ham. Siden han har levd hele sitt liv slik, er det mye lettere for ham å hate, misunne, eller være sjalu på andre. Det er også tungt for ham å leve etter Guds ord og han kan ikke leve i takknemlighet og glede på grunn av at det ikke følger hans tanker.

Akkurat som vi finner i Jakobs brev 2:26, *"For likesom*

legemet er dødt uten ånd, så er også troen død uten gjerninger," kjødelig tro er død tro uten gjerninger. Mennesker med kjødelig tro kan hverken motta frelse eller Guds svar. Om dette forteller Jesus oss, *"Ikke enhver som sier til meg: Herre! Herre! Skal komme inn i himmelens rike, men den som gjør min himmelske Faders vilje"* (Matteus 7:21).

Gud aksepterer spirituell tro

Spirituell tro er skjenket deg når du tror, selv om du ikke kan se noe med dine egne øyne eller det er noe som ikke stemmer etter dine egne kunnskaper eller tanker. På den måten, erfarte de Guds makt som lager noe ut av ingenting.

Mennesker med spirituell tro er overbevist om at Gud skapte himmelene og jorden etter Hans Ord, og Han skapte menneskene fra støvet på bakken. Spirituell tro er ikke noe som du kan ha fordi du vil ha det; det er gitt deg bare av Gud. Mennesker som har spirituell tro tror på miraklene som er skrevet om i Bibelen uten noe som helst tvil, så det er ikke vanskelig for dem å leve etter Guds ord og de mottar svar på alt hva de spør om med troen.

Gud aksepterer spirituell tro forbundet med gjerninger og med det kan du bli frelst, gå til himmelen, og motta svar på dine bønner.

Spirituell tro er "levende tro" forbundet med gjerninger

Når du har spirituell tro, aksepterer Gud deg og garanterer ditt liv med Hans svar og velsignelser. For eksempel, anta at det er to bønder som arbeider på deres herres jorder. Med de samme vilkår, en høster fem sekker med ris og den andre tre sekker. Med hvem av de to bøndene ville deres herre bli mest fornøyd? Selvfølgelig er bonden med de fem sekkene mere foretrukket og tiltalende til hans herre.

De to bøndene høster forskjellig på samme jordet ifølge deres innsatser. Bonden som høstet fem sekker med ris må ha puttet mye arbeide inn med å luke grundig og vannet avlingene ofte. I motsetning, den andre bonden kunne ikke høste mer enn tre sekker med ris på grunn av at han hadde vært lat og forsømmet hans arbeide veldig mye.

Gud dømmer hver person ifølge Hans eller hennes resultat. Bare når du viser din tro med gjerninger, vil Han se på det som spirituell tro og velsigne deg.

Kvelden som Jesus var arrestert, en av Hans disipler Peter forteller Ham, *"Fordi om alle tar anstøt fra Deg, så vil jeg aldri ta anstøt"* (Matteus 26:33). Men Jesus sa til ham, *"Sannelig sier jeg deg: I denne natt før hanen galer, skal du fornekte Meg tre ganger"* (v. 34). Peter betrodde hele hans hjerte, men Jesus visste at Peter ville bedra Ham når Hans liv var truet.

Peter hadde ikke ennå mottat den Hellige Ånd og benektet Jesus tre ganger når Hans liv var i fare etter at Jesus ble arrestert. Men Peter var fullstendig transformert etter at han hadde mottat den Hellige Ånd. Hans tro som kunnskap ble forandret til spirituell tro, og han ble en profet med makt som modig preke om evangeliet. Han gikk rettferdighetens vei til han ble korsfestet opp ned.

Slik kan du stole på og adlyde Gud i alle situasjoner når du har spirituell tro. For å kunne ha spirituell tro, må du arbeide hardt med å adlyde Guds ord og beholde et uforandret hjerte. Gjennom levende spirituell tro sammen med gjerninger, kan du motta frelse og evig liv, bli forandret til en mann med perfekt sannhet, og nyte de vidunderlige velsignelsene i sjel og kropp. Men med død kjødelig tro uten gjerninger, kan du hverken motta frelse eller motta svar fra Gud samme hvor mye du prøver og hvor lenge du har gått i kirken.

4. Å Ha Spirituell Tro

Hvordan kan du forandre din kjødelige tro til en spirituell tro og lage "hva du håper på" en virkelighet og "hva som ikke kan sees" til et synlig bevis? Hva må du gjøre for å ha tro?

Kaste bort kjødelig tanke og teori

Meste parten av dine kunnskaper som du har fått siden fødselen, forhindrer deg i å beholde spirituell tro fordi det er i motsetning til Guds ord. For eksempel, en teori slik som evolusjon nekter Guds skapelse av universet. På grunn av dette, de som har sluttet seg til evolusjon kan ikke tro på at Gud skapte noe ut av ingenting. Hvordan kan de tro *"I begynnelsen skapte Gud himmelene og jorden"* (1. Mosebok 1:1)?

Derfor for å kunne ha spirituell tro, må du ødelegge hver eneste slags tanke som er mot Guds ord og alle teoriene, akkurat som den om evolusjon, som hindrer deg fra å tro på Hans ord i Bibelen. Med mindre du blir kvitt dine tanker og teorier som ligger imot Hans Ord, kan du ikke tro på Guds ord som er skrevet i Bibelen samme hvor mye du prøver å tro på det. Dessuten, samme hvor mye du går i kirken og er med på gudstjenester, kan du ikke ha spirituell tro. Det er derfor mange mennesker er langt borte fra å bli frelst og mottar ikke Guds svar på deres bønner fordi om de går i kirken regelmessig. Profeten Paulus hadde bare kjødelig tro før han møtte Herren Jesus i en åpenbaring på vei til byen Damaskus. Han hadde ikke anerkjent Jesus som Frelseren til alle mennesker, men istedet fanget og forfulgt mange kristne. Derfor bør du avskaffe alle slags tanker og teorier som ligger i motsetning til Guds ord for å kunne omgjøre din kjødelige tro til spirituell tro. Gjennom profeten Paulus, minner Gud oss om det følgende:

> *For våre stridsvåpen er ikke kjødelige, men mektige for Gud til å omstyrte festnings-verker. Idet vi omstyrer tankebygninger og enhver høyde som reiser seg mot kunnskapen om Gud, og tar enhver tanke til fange under lydigheten mot Kristus, og er rede til å straffe all ulydighet, når først deres lydighet er blitt fulkommen.* (Paulus' annet brev til korintierne 10:4-6).

Paulus kunne bli en fantastisk predikant for evangeliet bare etter at han hadde mottat den spirituelle troen ved å ødelegge alle tanker, teorier, og argumenter som var i motstridning til Gud. Han tok ledelsen med å evangelisere hedningene og ble en viktig del av verdens misjonen. På slutten kunne Paulus lage følgende dristige tilståelse:

Men det som var meg en vinning, det har jeg for Kristi skyld aktet for tap. Ja, jeg akter og i sannhet alt for tap, fordi kunnskapen om Kristus Jesus, min Herre, er så meget mere verd, han for hvis skyld jeg har lidt tap på alt, og jeg akter det for skarn, forat jeg kan vinne Kristus og finnes i Ham, ikke med min rettferdighet, den som er av loven, men med den som fåes ved troen på Kristus, rettferdigheten av Gud på grunn av troen (Paulus' brev til filippenserne 3:7-9).

Å ivrig lære om Guds ord

Paulus' brev til romerne 10:17 lærer oss at, *"Så kommer da troen av forkynnelsen, og forkynnelsen ved Kristi ord."* Du må høre på Guds ord og lære fra det; hvis du ikke kjenner Guds ord, kan du ikke leve med det. Hvis du ikke omsetter i handling Guds ord, men har det oppbevart bare som kunnskap, kan Han ikke gi deg spirituell tro på grunn av at du kanskje vil bli stolt av din kunnskap.

La oss si at det er en jente som håper at hun en dag kan bli en kjent pianist. Samme hvor mange ganger hun leser tekstbøkene og lærer teoriene, kan hun ikke bli en stor pianist uten mye øvelse. På samme måten, hvis du ikke adlyder Guds ord, er det samme hvor mye du leser, hører, og lærer om det. Du kan ha spirituell tro bare ved å handle etter Guds ord.

Å adlyde Guds ord

Derfor må du tro på den levende Gud og holde ved Hans

ord under alle omstendigheter. Hvis du tror på Hans ord uten noen form for tvil etter at du har hørt på det, vil du begynne å adlyde det. Som resultat kan du nå ha sikkerhet i ditt liv fordi du i virkeligheten har fått Guds ord. Etter det vil du bare kjempe etter å leve etter Guds ord mere.

Gjennom gjentakelse av denne prosessen, kan du motta tro som gjør at du kan adlyde Guds Ord fullstendig, og du vil få Hans nåde og styrke. Du vil bli fylt med den Hellige Ånd og alt vil gå bra med deg.

På tiden til den annen mosebok, var det minst sekshundretusen isralitiske menn 20 år og eldre. Men på slutten, bare to av dem – Josva og Kaleb – kunne komme inn i Det forjettede land Kanaan. Utenom disse to, ingen andre stolte på Guds løfte i deres hjerter og adlød Ham.

I 4. Mosebok 14:11, Herren sa til Moses, *"Hvor lenge skal dette folk forakte Meg? Og hvor lenge vil de la være å tro på Meg, enda jeg har gjort så mange tegn iblandt dem?"*

De kjente godt til Gud og, fordi de hadde sett Hans krefter som hadde brakt de Ti Plagene til Egypt og delt Røde Havet i to deler, trodde de også at de trodde på Ham. De opplevde Guds ledelse og nærvær med ildstøtte om natten og skysøyle på dagen, og spiste manna som kom ovenfra hver eneste dag.

Men likevel, når Gud kommanderte dem til å gå inn i landet Kanaan, adlød de Ham ikke på grunn av at de var redde for Kanaanitene. I stedet beklaget de seg og motarbeidet Moses og Aaron. Det var på grunn av at de ikke hadde spirituell tro til å adlyde Gud, selv om de hadde kjødelig tro etter at de mange ganger hadde sett og hørt om Guds mektige og mirakelfulle arbeide.

For å kunne ha spirituell tro, må du tro på Gud og adlyde Hans ord til enhver tid. Hvis du virkelig elsker Ham, vil du adlyde Ham, og Han vil til gjengjeld svare på dine bønner og til slutt lede deg til evig liv.

Paulus' brev til romerne 10:9-10 minner oss om, *"For dersom du med din munn bekjenner at Jesus er Herre, og i ditt hjerte tror at Gud oppvakte ham fra de døde, da skal du bli frelst; for med hjerte tror en til rettferdighet, og med munnen tror en til frelse."*

"Å tro i ditt hjerte" refererer ikke til tro som kunnskap, men spirituell tro hvor du tror på noe uten noen som helst tvil i ditt hjerte. De som tror på Guds ord i deres hjerter adlyder det, blir rettferdige, og vil gradvis ligne på Herren. Deres tilståelse, "Jeg tror på Herren," er sann og de mottar frelse.

Du kan ha spirituell tro forbundet med gjerninger til å adlyde Guds ord, i navnet Herren jeg velsigner deg! Da kan du tilfredsstille Ham og nyte et liv fylt av Hans makt hvor alt er mulig.

2. kapittel

Utvikling av Den Åndelige Troen

1
Troen til Spedbarn/Småbarn
2
Troen til Barn
3
Troen til Ungdom
4
Troen til Fedrene

"fordi deres synder er dere forlatt
for Hans skyld;
Jeg skriver til dere, I fedre,
fordi dere kjenner Ham som er fra begynnelsen.
Jeg skriver til dere, I unge,
fordi dere har seiret over den onde.
Jeg har skrevet til dere, mine barn,
fordi dere kjenner Faderen.
Jeg har skrevet til dere, I fedre,
fordi dere kjenner Ham som er fra begynnelsen.
Jeg har skrevet til dere, I unge menn,
fordi dere er sterke,
og Guds ord blir i dere,
og dere har seiret over den onde."

(Johannes' 1. brev 2:12-14)

Du kan nyte rettighetene og velsignelsene som Guds barn hvis du har spirituell tro. Du vil ikke bare motta frelse og gå til himmelen, men også motta svar til alt du spør etter. I tillegg, hvis du har Gud velsignet tro ved å adlyde Hans Ord, er alle ting mulig med din tro.

Det er derfor Jesus forteller oss i Markus 16:17-18, *"Disse tegn skal følge dem som tror: i Mitt navn skal de drive ut onde ånder, de skal tale med tunger, de skal ta slanger i hendene, og om de drikker noe giftig, skal det ikke skade dem; på syke skal de legge sine hender, og de skal bli helbredet."*

Et lite sennepsfrø vokser opp til et stort tre

Jesus fortalte Hans disipler at de hadde liten tro når Han så at de ikke kunne drive ut de onde åndene, og la til at alt er mulig med en tro som ikke er større enn et sennepsfrø. Han sier i Matteus 17:20, *"For deres vanntro skyld; for sannelig sier jeg dere: Har dere tro som et sennepsfrø, da kan dere si til dette fjell: 'Flytt deg derfra og dit!' Og det skal flytte seg, og ikke noe skal være umulig for dere."*

Et sennepsfrø er så lite som et merke som du skriver med kulepennen på et ark. Men, med en så liten tro, kan du flytte et fjell fra et sted til et annet og alle ting er derfor mulig for deg.

Har du tro som er så lite som et sennepsfrø? Flytter et fjell seg ifra et sted til et annet på din befaling? Er alt mulig for deg? Siden det er umulig for deg å forstå hva sitatet menes uten en fullstendig forståelse av dens spirituelle mening, la oss gå inn i den med en lignelse om sennepsfrøet som Jesus ga:

> *Himlenes rike er likt et sennepskorn som en mann tok og sådde i sin åker; det er mindre enn alt annet frø; men når det vokser til, er det større enn alle andre maturter og blir til et tre, så himmelens fugler kan bygge rede i dets grener* (Matteus 13:31-32).

Et sennepskorn er mindre enn andre frø, men når det gror og blir et stort tre, kommer mange fugler og setter seg ned på dens grener. Jesus brukte paralellen med et sennepskorn for å lære oss at vi kan flytte et fjell fra her til der, og alle ting er mulige hvis din lille tro vokser opp. Jesus' disipler burde ha hatt stor tro med at alt er mulig på grunn av at de hadde vært med Ham lenge og hadde selv sett mange under fra Gud. Men på grunn av at de ikke hadde stor tro, bebreidet Jesus dem.

Hele troens måleenhet

Når du først mottar den Hellige Ånd og beholder den spirituelle troen, skal din tro vokse helt fullt ut slik at alle ting er mulige. Gud vil at du skal motta svar til alt hva du spør om, ved å øke din tro.

Paulus' brev til efeserne 4:13-15 minner oss om at, *"inntil vi alle når frem til enhet i tro på Guds Sønn og i kjennskap til ham, til manns modenhet, til aldersmålet for Kristi fylde. Forat vi ikke lenger skal være umyndige og la oss kaste og drive om av ethvert lærdoms vær ved menneskenes spill, ved kløkt i villfarelsens kunster, men at vi, sannhetens tro i kjærlighet, i alle måter skal vokse opp til ham som er hovedet, Kristus."*

Det er naturlig at hvis et spedbarn er født, hans fødsel blir registrert i regjeringen, og han vokser opp til å bli et barn, så en ungdom. Ved et passende tidspunkt, gifter han seg, føder barn, og blir en far.

På samme måte, hvis du blir Guds barn gjennom Jesus Kristus og ditt navn er skrevet ned i Livets Bok i himmelens rike, din tro burde vokse opp hver dag for å rekke opp til barnas, ungdommens, og så fedrenes tro.

Det er derfor Paulus 1. brev til korintierne 3:2-3 lærer oss, *"Jeg ga dere melk og drikke og ikke fast føde; for dere tålte den enda ikke. Dere er jo ennå kjødelige. For når det er avind og trette iblandt dere, er dere da ikke kjødelige og vandrer på menneskelig vis?"*

Akkurat som en nyfødt må drikke melk for å leve, et spirituelt spedbarn må drikke spirituell melk for å vokse opp. Hvordan kan et spirituelt spedbarn så vokse opp til å bli en far?

1. Troen til Spedbarn/Småbarn

Johannes 1. brev sier, *"Jeg skriver til dere, mine barn, fordi deres synder er dere forlatt for hans navns skyld."* Dette verset forteller oss at noen som ikke kjente til Gud vil bli tilgitt av hans synd når han aksepterer Jesus Kristus, og mottar rettighetene til å bli Guds barn gjennom den Hellige Ånd som kommer for å være i hans hjerte (Johannes' åpenbaring 1:12).

Det er bare gjennom navnet Jesus Kristus som du kan bli tilgitt og motta frelse. Men verdslige mennesker betrakter kristendommen som en slags religion som er god for psykisk velvære og spør et klanderverdig spørsmål, "Hvorfor sier du at vi bare kan bli frelset gjennom Jesus Kristus?"

Hvorfor er så Jesus Kristus vår eneste Frelser? Menneskene kan ikke bli frelset av noen andre enn Jesus Kristus, og kan bare bli tilgitt deres synder gjennom blodet til Jesus som døde på korset.

Apostelens gjerninger 4:12 erklærer, *"Og det er ikke frelse i noen annen; for det er heller ikke noe annet navn under himmelen, gitt blandt mennesker, ved hvilket vi skal bli frelst,"* og Apostelens gjerninger 10:43 sier, *"Han gir alle profetene det vitnesbyrd at hver den som tror på Ham, får syndenes forlatelse ved Hans navn."* Det er derfor Guds forsyn og vilje at menn er frelst gjennom Jesus Kristus.

Gjennom menneskenes historie, har det vært de som var såkalt "mektige" eller "storsinnede" menn slik som Sokrates, Konfukius, Budda, og lignende. Fra Guds perspektiv var de allikevel alle bare skapninger og syndere fordi alle menn har blitt født med den originale synden som var arvet fra Adam som begikk synden med ulydighet og deres fedre.

Men allikevel hadde Jesus den spirituelle makten og de vesentlige kvalifikasjonene til å være Frelseren for menneskene: Han hadde ikke noen original synd fordi Han var blitt befruktet av den Hellige Ånd. Han hadde også heller ingen selvbegåtte synder i løpet av Hans liv. På den måten hadde han styrken til å spare menneskene på grunn av at Han var uskyldig og hadde den store kjærligheten for å til og med ofre sitt eget liv for syndere.

Hvis du tror at Jesus Kristus derfor er den eneste virkelige veien til frelse og aksepterer Ham som din Frelser, vil du bli tilgitt alle dine synder, motta den Hellige Ånd som en gave fra Gud, og bli forseglet som Hans barn.

Troen til en forbryter på den ene siden av Jesus

Når Jesus hang på korset for å ta syndene til menneskene, en av de to forbryterne på den ene siden av Jesus angret på sine synder og aksepterte Ham som sin Frelser like før han døde. På grunn av dette, ble han forseglet som et av Guds barn og kom inn i Paradiset. Alle de som ble født igjen ved å akseptere Jesus Kristus, ble kaldt av Gud som, "Mine små barn!"

Noen folk vil diskutere, "En forbryter aksepterer Jesus som sin Frelser og ble frelset like før hans død. Jeg vil nyte livet så mye som mulig og akseptere Jesus Kristus som min Frelser like før jeg dør. Jeg vil fremdeles komme inn i himmelen!" En slik ide er imidlertid fullstendig feilaktig.

Hvordan kunne forbryteren akseptere Jesus, som var latterliggjort av onde mennesker og døde på korset? Forbryteren hadde allerede tenkt at Jesus kunne være Messias når han hadde hørt på Hans budskap. Han erkjente hans tro på Jesus og aksepterte Ham som Hans Frelser når han ble hengt på korset ved siden av Ham. På den måten mottok han frelse og vant rettighetene til å komme inn i Paradiset.

På samme måte vil alle og enhver oppnå rettighetene til å bli Guds barn når han aksepterer Jesus som sin Frelser og mottar den Hellige Ånd. Det er derfor Gud kaller ham, "Mitt lille barn." For eksempel, når et barn er født, hans fødsel er registrert og han blir en statsborger i det landet hvor han er født. På samme måte, kan du få et himmelsk statsborgerskap og bli godkjent som Guds barn hvis ditt navn er registrert i Livets Bok.

Troen til spedbarn/småbarn refererer derfor til troen til mennesker som akkurat har akseptert Jesus Kristus, er tilgitt deres synder og blir Guds barn når deres navn blir registrert i Livets Bok i himmelen.

2. Troen til Barn

Mennesker som er født igjen som Guds barn ved å akseptere Jesus Kristus og oppnår spirituelt liv, vokser i deres tro og beholder barnas tro. Når et spedbarn er født og avvent fra sin mor, kan han kjenne igjen sine foreldre og se forskjell på visse elementer, omgivelser, og mennesker.

Men barn vet fremdeles ikke mye og må forholde seg under foreldrenes beskyttelse. Når de blir spurt om de vet hvem deres foreldre er, vil de ganske sikkert si, "Ja." Men hvis de blir spurt om deres foreldres fødested eller familiens stamtavle, ville de ikke være istand til å svare. Derfor kjenner ikke barna deres foreldre i detaljer, selv om de sier, "Jeg kjenner min mor og far."

Hvis foreldrene kjøper leker til deres barn, kan barnet fortelle om leken er en bil eller en dukke, men de vet ikke hvordan lekebilen var laget eller hvordan de kjøpte dukken. Barn vet derfor noen ting som de kan se med deres egne øyne, men kan ikke forstå tingene som de ikke kan se.

Spirituelt har barna troen som en nybegynner for å kjenne Gud Faderen; de nyter æren i troen etter at de har akseptert Jesus Kristus og mottat den Hellige Ånd. Johannes 1. brev 2:13 sier, *"Jeg skriver til dere, mine barn, fordi dere kjenner Faderen."* "Du kjenner Faderen" menes at mennesker med barnas tro har akseptert Jesus Kristus og lært om Guds ord bare ved å gå i kirken.

Akkurat som spedbarnet har lite kunnskaper først, men kan kjenne igjen hans far og mor etter som han vokser opp, nye troere forstår Gud Faderens vilje og hjerte ettersom de deltar i kirken og lytter til Hans Budskap. Men de kan fremdeles ikke adlyde Guds ord, på grunn av at de ikke har nok tro.

Barnas tro er derfor menneskenes tro som kjenner troen ved å ha lyttet til den, men som noen ganger adlyder budskapet og noen ganger ikke. Troen på dette nivået er ennå ikke perfekt.

Hvem kaller Gud "Fader?"

Hvis det er noen som ikke ennå har akseptert Jesus Kristus, men tilstår, "Jeg kjenner Gud," så lyver han. Men det er fremdeles de som sier, "Jeg går ikke i kirken, men jeg kjenner Gud." Det er de som har lest Bibelen en eller to ganger, gikk tidligere i kirken, eller har hørt om Gud her og der. Men kjenner de virkelig til Gud Skaperen?

Hvis de virkelig kjenner Gud, burde de forstå hvorfor Jesus er Guds eneste Sønn, hvorfor Gud sendte Ham til denne verdenen, og hvorfor Gud hadde satt treet med kunnskapet om godt og ondt i Edens Have. De må også kjenne til eksistensen av himmelen og helvete, og hvordan de kan bli frelst og komme inn i himmelen. Hvis de virkelig forstår disse faktum, vil det heller ikke bli noen som nekter å gå til kirken og leve etter Guds ord. Men de går femdeles ikke i kirken eller kaller Gud "Fader" fordi de hverken tror på Gud eller kjenner Ham.

På samme måte, noen verdslige mennesker som ikke tror på Gud vil kanskje si at de kjenner Ham, men det er ikke sant. De kan ikke kjenne Gud eller kalle Ham "Fader" på grunn av at de ikke kjenner Jesus Kristus og lever ikke med Hans ord (Johannes' evangeliet 8:19).

Mennesker kaller Gud forskjellig ting

Troende kaller den samme Gud forskjellig ting ifølge hvor mye tro de har. Ingen kaller Ham "Gud Faderen" før de aksepterer Jesus Kristus som hans Frelser. Det er ganske naturlig at han ikke kaller Ham "Fader," fordi han har ikke ennå blitt født på ny.

Hva kaller nye troende Gud? De er litt sjenerte og kaller Ham simpelthen "Gud." De kan ikke kalle Ham "Gud Faderen" behagelig, men føler seg istedenfor usikker eller fremmed fordi de ikke har tjent Ham som deres Fader.

Men navnet som de troende kaller Gud forandrer seg ettersom deres tro vokser til samme størrelse med troen til barn. De kaller Ham, "Fader" når de har barnas tro, akkurat som når barn kaller deres fedre gladelig "Pappa." Selvfølgelig er det ikke galt for dem å simpelthen kalle Ham "Gud" eller "Gud Faderen." De vil senere begynne å kalle Ham "Gud min Fader" istedet for "Gud Faderen" hvis deres tro vokser mere. Dessuten kaller de

Ham bare "Fader" når de ber til Gud.

Hvilket syntes du høres bedre ut og mere personlig til Gud: en som kaller Ham "Gud" eller en som kaller Ham "Fader"? Hvor glad ville ikke Gud bli hvis du fra dypt i ditt hjerte kalte Ham "Min Fader!" Salomos ordspråk 8:17 sier, *"Jeg elsker dem som elsker meg, og de som søker meg, skal finne meg."* Jo mere du elsker Gud, det mere vil Han elske deg. Jo mere du søker Ham, jo lettere kan du motta Hans svar.

Realistisk vil du bo i himmelen som Hans barn for evig og kalle Gud "Faderen," så det er bare passende for deg å ha et personlig og godt forhold til Gud i dette livet også. Derfor må du beholde din plikt som et av Guds barn og bevise at du elsker Ham ved å helhjertet adlyde Hans befalinger.

3. Troen til Ungdom

Akkurat som et barn vokser opp til å bli en sterk og mer innsiktsfull ungdom, barnas tro vokser og blir troen til ungdommen. Det vil si, etter en fase med spirituell tro i barndommen, gjennom bønner og Guds ord, nivået til menneskenes tro vokser opp til troen til den spirituelle ungdommen som kjenner til Gud Faderens vilje og om hva synd er.

Ungdom er sterke og modige

Det er et par barn som kjenner godt til lovene i et land. De må bli holdt under deres foreldres beskyttelse, og selv om de begår en forbrytelse, er deres foreldre ansvarlig for det på grunn av at de ikke har utdannet barna deres ordentlig. Barn vet ikke helt sikkert hva synd er, hva rettferdighet er, og hva foreldrenes hjerter er på grunn av at de fremdeles lærer.

Hva med ungdom? De er sterke, hissige, og vil høyst sannsynlig begå synder. De er ivrige til å se, lære, og erfare alt og har en tendens til å etterligne andre. De er gjerne nysgjerrig på alt, stae, og er sikre på at det ikke er noe de ikke kan gjøre.

På samme måte, spirituelle ungdom søker ikke jordiske ting, men har istedenfor håp om himmelen med rikdommen til den Hellige Ånd og overvinner syndene med Guds ord fordi de har sterk tro. De lever triumferende liv på alle måter, overvinner verdenen og djevelen med ustoppelig mot på grunn av at ordet blir overholdt i dem.

Overvinne og regjere over djevelen

Hvordan kan så ungdom med sterk og modig tro overvinne den syndige verdenen og djevelen? De som aksepterer Jesus Kristus oppnår rettighetene til å bli Guds barn og i sannheten triumferende beseirer de onde. Fordi om djevelen er sterk, tør han ikke å gjøre noe foran Guds barn. Vi finner derfor i Johannes 1. brev 2:13, *"Jeg skriver til dere, I fedre, fordi dere har seiret over den onde."*

Du kan overvinne djevelen når du holder på sannheten fordi Guds ord skal forbli i deg. Akkurat som når mennesker ikke kan følge loven hvis de ikke kjenner til den, kan du heller ikke leve etter Guds ord uten å kjenne de.

Du trenger derfor å holde Guds ord i ditt hjerte og leve etter det ved å kaste bort alle slags synder. På den måten kan mennesker med ungdommens tro overvinne verdenen med Guds ord. Det er derfor Johannes 1. brev 2:14 sier, *"Jeg har skrevet til dere, unge, fordi dere er sterke, og Guds ord blir i dere, og dere har seiret over den onde."*

4. Troen til Fedrene

Når ungdom med sterk og uvikende kraft vokser opp og blir voksne, vil de bli klare til å bedømme og forstå hver situasjon og, etter mange erfaringer, vinne kunnskap om å bli klok nok til å ydmyke seg selv når det er nødvendig. Mennesker med fedrenes tro kjenner til hvor Gud kommer fra i detaljer og forstår Hans forsyn fordi de har dyp spirituell tro.

Hvem kjenner Guds opprinnelse?

Fedre er forskjellige fra ungdom på mange måter. Ungdom er umodne fordi de ikke har nok erfaring, fordi om de har lært mange ting. Av den grunn, er det mange situasjoner og begivenheter som de unge menneskene ikke forstår, hvorpå fedre forstår mange elementer godt fordi de har erfart mange sider av livet.

Fedre forstår også hvorfor foreldre vil ha barn, hvor smertefull fødselen er, og hvor problematisk det er å oppdra barn. De kjenner godt til deres familie: hvor deres foreldre kom fra, hvordan de møttes og giftet seg, og liknende.

Det er et koreansk ordspråk som sier, "Først når du føder ditt barn, vil du virkelig forstå foreldrenes hjerter." Det vil si, bare folkene med fedrenes tro kan fullstendig forstå hjertet til Gud Faderen. For slike voksne kristne sier Johannes 1. brev 2:13, *"Jeg skriver til dere, fedre, fordi dere kjenner Ham som er fra begynnelsen."*

De som har fedrenes tro vil også videre bli eksempler til mange og omfavne alle slags mennesker fordi de er beskjedne og kan stå fast på sannheten uten å avvike fra den.

Hvis vi skal sammenligne fedrenes tro til høst sesongen, ungdommens tro kan bli lik umoden frukt. Mennesker med ungdommens tro er sammenlignet med umoden frukt fordi de har lett for å insistere på deres egne tanker og teorier.

Men måten Jesus viste tjeneste eksempelet på ved å vaske Hans disiplers føtter, vil spirituelle fedre, i motsetning til ungdommene, bære moden frukt med gjerninger og gi ære til Gud med fruktens gjerninger.

Å ha hjerte til Jesus Kristus

Gud vil at Hans barn skal oppnå Guds hjerte, slikt som kommer fra begynnelsen, og av Jesus Kristus, som ydmykte seg selv og var lydig helt til Han døde (Paulus' brev til filippenserne 2:5-8). På grunn av dette, tillater Gud prøver å bli gitt til Hans barn, og gjennom disse prøvene vokser deres tro og de oppnår utholdenhet og håp. På denne måten øker deres tro til fedrenes nivå.

I Lukas 17, lærte Jesus Hans disipler ved sammenligning av en tjener. En tjener arbeidet på marken hele dagen lang og dro hjem i skumringen, men det var ingen som kunne si til ham, "Godt

Utvikling av Den Åndelige Troen 39

arbeide! Hvil deg og spis middag." I stedenfor måtte tjeneren lage middag til hans herre og servere ham; bare etter dette kunne tjeneren ha sin egen middag. Dessuten var det heller ingen som sa til ham, "Takk for alt det harde arbeide," selv om han hadde gjort alt det hans herre befalte. Tjeneren sier bare, "Jeg er en uverdig tjener; Jeg har gjort bare det som er forlangt av meg."

På samme måte skulle du være en beskjeden og lydig mann som sier, "Jeg er en uverdig tjener; Jeg har bare gjort min plikt," til og med etter at du hadde gjort alt det Gud befalte deg å gjøre. Mennesker med fedrenes tro kjenner alle kroker i Guds hjerte som kommer fra begynnelsen, og har også hjerte til Jesus Kristus, han som ydmykte seg selv og gjorde seg selv til ingenting og holdt seg lydige helt til døden. Gud erkjenner og lovpriser derfor høyt slike individer og de vil skinne i himmelen akkurat som solen.

Akkurat som et lite sennepskorn vokser og blir til et stort tre hvor mange fugler sitter, en spirituell tro vokser fra målingen av spedbarn/småbarn til barn, ungdom, og fedre. Hvor aldeles velsignet er du ikke når du kjenner den som kommer fra begynnelsen, har nok av tro til å forstå Hans høyde og dybde, og kan se etter mange vandrende sjeler på samme måte som Jesus gjorde det!

Må du ha Herrens hjerte full av gavmildhet og kjærlighet, ha fedrenes tro, bære frukten i overflod, og skinne for evig som solen i himmelen, ber jeg i vår Herres navn!

3. kapittel

Måleenheten av Hver Enkelt Persons Tro

1
Troens Måleenhet Gitt av Gud
2
Forskjellig Måling av Hver Enkelt Persons Tro
3
Troens Måleenhet Satt På Prøve av Ilden

*"For ved den nåde som er meg gitt
sier jeg til enhver iblandt dere
å ikke tenke bedre om en selv
enn han bør tenke;
men tenke så at han tenker sindig,
alt ettersom Gud har tilmålt enhver hans mål av tro."*

(Paulus' brev til romerne 12:3)

Gud tillater deg å høste ettersom du sår og belønner deg i forhold til hva du har gjort på grunn av at han er rettferdig. I Matteus 7:7-8 forteller Jesus oss, *"Bed, så skal dere gis, let, så skal dere finne, bank på, så skal det lukkes opp for dere. For hver den som beder, han får, og den som leter, han finner, og den som banker på, for ham skal det lukkes opp."* Du mottar velsignelser og svar til dine bønner ikke ved kjødelig tro, men med spirituell tro. Du kan beholde kjødelig tro når du hører på Guds ord og lærer det. Spirituell tro, er ikke gitt ut fritt med andre ord; du kan motta det bare når Gud gir det til deg.

Derfor anbefaler Paulus' brev til romerne 12:3 om å, *"Tenke så at han tenker sindig, alt etter som Gud har tilmålt enhver Hans mål av tro."* Hver enkelt persons spirituelle tro som er gitt av Gud er forskjellig fra de andre. Som vi også finner i Paulus' 1. brev til korintierne 15:41, *"En glans har solen, og en annen har månen, og en annen stjernene; for den ene stjerne skiller seg fra den andre i glans,"* himmelske bosteder og helligdom er belønnet til hver person forskjellig ifølge hvor mye tro de har.

1. Troens Måleenhet Gitt av Gud

"Målet" er en vekt, volum, mengde, eller størrelse av en gjenstand. Gud måler troen til hver person og gir personen svar ifølge deres måleenhet av hans eller hennes tro. Generelt kan folk med stor tro få svar bare hvis de ønsker dem i deres hjerter, mens noen andre får svar bare når de ber ivrig sammen med fasting for en dag, og fremdeles andre med liten tro får svar når de ber i månedsvis eller år. Hvis du kunne "tjene" spirituell tro akkurat som du vil, da ville alle motta de velsignelser og svar som de ønsket. Verden ville bli et veldig forvirrende og rotete sted å bo.

Hva hvis det er en mann som ikke lever etter Guds ord. Hvis mannen spør, "Gud, venligst la meg bli leder for den mest fremstående business konglomerat i dette landet!" eller "Jeg hater den mannen. Venligst straff ham," og hans bønner og ønsker ble svart, hvordan ville verden bli?

Spirituell tro og lydighet

Hvordan kan du ha spirituell tro? Gud gir ikke spirituell tro til noen, men bare til de som er kvalifisert ved å adlyde Hans Budskap. Du kan motta spirituell tro til den grad hvor du kaster bort løgner slik som hat, konflikt, misunnelse, utroskap, og lignende inne i deg, og du elsker til og med dine fiender.

I Bibelen lovpriste Jesus noen ved å si, "Din tro er utmerket!" men irettesatte andre ved å si, "Du har liten tro!"

For eksempel, i Matteus 15:21-28 en Kanaanite dame kom til Jesus og spurte Ham om å helbrede hennes djevelbesatte datter. Hun skrek ut, *"Herre, du Davids sønn! Miskunn deg over meg! Min datter plages av en ond ånd"* (v. 22).

Men Jesus ville prøve hennes tro, og svarte, *"Jeg er ikke utsendt til andre enn de fortapte får av Israels hus"* (v. 24).

Kvinnen knelte foran Jesus. *"Herre, hjelp meg!"* sa hun (v. 25). Jesus nektet igjen og sa, *"Det er ikke rett å ta brødet ifra barna og kaste det for de små hunder"* (v. 26). Han sa dette på grunn av at Jødene i Hans tid anså hedningene som hunder og kvinnen var en hedning fra et område kalt Tyre.

I denne situasjonen ville de fleste mennesker følt seg skamfull, motløs, eller fornærmet og ville lett ha gitt opp ved å prøve å få svar. Men fremdeles var kvinnen ikke skuffet og aksepterte Jesus' ord på en beskjeden måte. Hun senket seg selv som en liten og beskjeden ting som en hund, og søkte fast om Hans nåde: *"Ja, Herre; men til og med hundene spiste smulene som falt fra deres Herres' bord"* (v. 27). På dette var Jesus tilfredstilt med hennes tro og svarte, *"Kvinne! Din tro er stor; deg skje som du vil,"* Og hennes datter ble helbredet fra samme stund (v. 28).

Vi ser også at Jesus irettesetter Hans disipler for deres lille tro i Matteus 17:14-20. En mann brakte hans sønn som led forferdelig av epilepsi til Jesus' disipler, men de klarte ikke å helbrede barnet. Etterpå brakte mannen hans sønn til Jesus og Han kastet ut djevelene fra gutten med en gang og helbredet ham. Etter at Jesus hadde helbredet barnet, kom Hans disipler og spurte Ham, *"Hvorfor kunne vi ikke drive dem ut?"* (v. 19) Han svarte, *"På grunn av deres lille tro"* (v. 20).

I tillegg bebreidet Jesus Peter i Matteus 14:22-33. En natt, Hans disipler var på en båt i midten av forferdelige store bølger, og Jesus kom til dem ved å spasere på vannet. De var skremte når de først så Ham spasere på vannet, og skrek ut i redsel, *"Det er et spøkelse!"* (v. 26). Jesus fortalte dem med en gang, *"Bli modige,*

Det er bar Meg; bli ikke redde" (v. 27).

Peter ble modig og svarte, *"Herre, hvis det er Deg, befal meg om å komme til Deg på vannet"* (v. 28). Da sa Jesus, *"Kom,"* akkurat som Peter ville høre. Peter gikk ut av båten, spaserte på vannet, og gikk mot Jesus. Men, når han så vinden ble Peter redd og da han begynte å synke, skrek han ut, *"Herre, frels meg!"* (v. 30) Raskt rakte Jesus ut Hans hånd og fikk tak i Peter og bebreidet Hans disippel: *"Du lite troende! Hvorfor tvilte du?"* (v. 31)

Peter ble bebreidet for hans lille tro akkurat da, men etter at han hadde mottat den Hellige Ånd og Guds makt, gjorde han mange mirakler i Herrens navn, og med hans mektige tro ble han korsfestet opp ned for Herren.

2. Forskjellig Måling av Hver Enkelt Persons Tro

Det er mange likheter i Bibelen som forklarer målingen av troen. Johannes' 1. brev 2 forklarer målingen med troen ved å sammenligne den med veksten av en mann, og Profeten Esekiel 47:3-5 forklarer målingen av troen ved å sammenligne den til vannets dybde:

> *Mannen gikk nå mot øst med en målesnor i hånden og målte tusen alen; så lot han meg vade gjennom vannet, og vannet nådde meg til anklene. Atter målte han tusen alen og lot meg vade gjennom vannet; da nådde vannet meg til knærne. Atter målte han tusen*

alen og lot meg vade gjennom vann som nådde meg til lendene. Så målte han atter tusen alen; da var det en bekk som jeg ikke kunne vasse igjennom; for vannet var så høyt at en måtte svømme der, det var en bekk som ikke lot seg vasse i.

Boken Esekiel er en av de Fem Fremrakte Bøkene av Profeti i det Gamle Testamentet. Gud lot profeten Esekiel skrive ned forutsigelser når det sørlige riket til Judas var ødelagt av Babylon og mange Jøder ble tatt bort som krigsfanger. Fra Esekiel 40 og framover forteller de om tempelet hvor Esekiel så en åpenbaring.

I Esekiel 47, profeten skriver om en åpenbaring hvor han så vannet komme ut under dørstokken i tempelet mot øst. Vannet kom ned ut fra sør siden av tempelet, sør for alteret. Deretter rant vannet ut gjennom porten på nord siden, og fløt ut av det hellige rommet rundt utsiden til den andre porten mot øst.

"Vann" symboliserer her Guds ord (Johannes evangelium 4:14), og det faktum at vannet kommer gjennom og rundt insiden av det hellige rommet, og så flyter ut av det hellige rommet indikerer at Guds ord ikke bare er preket om i det hellige rommet, men også mot verden.

Hva mener Esekiel med "en mann målte et tusen alen," gående østover med en målelinje i hånden? Dette refererer til Herrens måling av hver enkelt persons tro og dømme ham presist ifølge målingen av hver persons tro på dommedagen.

"Mannen med målelinjen i hånden" refererer til Herrens tjener, og med å "ha en linje" menes at Herren måler hver persons tro riktig uten å gjøre en feil. Forandringen i vannets dyp viser derfor forskjellige nivåer om målingen med troen.

Ifølge vannets dybde

"Vannet til anklene" indikerer troen til de spirituelle spedbarna/småbarna, målingen av troen som gjør deg knapt istand til å motta frelse. Når målingen av troen er sammenlignet med en manns høyde, denne høyden er så høy som hans ankel. Det neste er "vannet til kneet" som refererer til barnas tro, og "vannet til livet" står for ungdommens tro. Til sist, "vannet dypt nok til å svømme i" refererer til troen til fedrene.

På denne måten på dommedagen, vil hver persons tro bli målt og det himmelske bostedet til hver person vil bli bestemt av Herren i den grad at han lever livet ifølge Guds ord.

"Å måle tusen alen" indikerer Guds store hjerte, Hans nøyaktighet uten noe som helst feiltakelse, og dybden i hans hjerte som tar alt i betraktning. Gud måler hver persons tro ikke bare fra en side, men fra alle sider. Gud søker alle våre gjerninger og går helt inn i våre hjerter så presist at ingen vil føle det som om de er feilaktig anklaget.

Gud søker derfor etter alt med Hans åpenbare øyne, og lar hver person høste alt det han har sådd og belønner ham ifølge hva han har gjort. Det er derfor Paulus' brev til romerne 12:3 sier, *"For ved den nåde som er meg gitt, sier jeg til enhver iblandt dere at han ikke skal tenke høyere enn han bør tenke, men tenke så at han tenker sindig, alt etter som Gud har tilmålt enhver hans mål av tro."*

Tenk fornuftig ifølge måleenheten av din tro

Å gå i vann opp til ankelen er og føles forskjellig fra å spasere i vann opp til livet. Når du går i vann til anklene, vil du sikkert spasere eller springe fordi du ikke kan svømme der. Men når du er i vann opp til livet, vil du heller svømme enn å spasere.

Samtidig vil også de med barnas tro tenke forskjellig fra de med fedrenes tro akkurat som en manns tanker er forskjellig på ulike dypder. Det er derfor bare passende at du tenker klokt i forhold til målingen av din tro.

Abraham mottok Isak som en lovende sønn etter at Gud så hans tro. En dag befalte Abraham ham å ofre hans eneste sønn Isak som et brennende offer. Hva syntes Abraham om Guds kommando? Han tenkte aldri engstelig, 'Hvorfor ber Gud meg om å ofre Isak som et brennende offer selv om Han ga ham Isak som den lovendes sønn? Bryter Han sitt løfte?'

Hebreerne 11 minner oss om at Abraham tenkte klokt om Guds befaling: 'Han lyver aldri, så Han vil vekke opp min sønn igjen fra de døde.' Abraham tenkte ikke på seg selv som større enn han var, men heller tenkte på seg selv etter målets tro som Gud hadde gitt ham.

Abraham hverken klaget eller surmulte, men adlød Gud med et beskjedent hjerte. På grunn av dette ble han godkjent og favorisert bare mere av Gud, og ble troens forfader.

Du må forstå at det er gjennom en streng og hard prøve at Abraham ble erklært å ha spirituell tro og ble ledet til velsignelsens vei. Du kan motta Guds kjærlighet og velsignelse når du består de strenge prøvene ved å tenke på deg selv som klok ifølge målingen av din egen tro.

3. Troens Måleenhet Satt På Prøve av Ilden

Paulus' 1. brev til korintierne 3:12-15 forteller oss at Gud prøver hver persons tro med ilden og måler det arbeidet som er igjen:

> *Men om noen på denne grunnvold bygger med gull, sølv, kostelige stener, tre, høy, strå, da skal enhvers verk bli åpenbart; for dagen skal vise det, for den åpenbares med ild, og hvordan enhvers verk er, det skal ilden prøve. Om det verk som en har bygget, står seg, da skal han få lønn. Om ens verk brenner opp, da skal han tape lønnen; men selv skal han bli frelst, dog således som gjennom ilden.*

"Grunnvold" refererer her til Jesus Kristus, og "verk" indikerer hva som er gjort med helhjertet innsats. Hvis noen tror på Jesus Kristus, vil hans arbeide bli sett på som hva det er "fordi det vil komme opp for en dag."

Når blir arbeidet vist?

Først vil hver persons verk bli vist når hans arbeide er over. Hvis hans arbeide er gitt årlig, vil hans arbeide bli gjennomgått ved slutten av hvert år.

Gud vil også sette arbeidet til hver person på prøve når Han får ildens prøve. Noen mennesker lever i fred uten forandring selv om de møter mange vanskelige prøver og vanskeligheter som ilden, mens noen ikke klarer å holde ut.

Måleenheten av Hver Enkelt Persons Tro 51

Til slutt prøver Gud arbeidet til hver person på dommedagen som kommer etter Jesus Kristus andre nedkomst. Han vil måle hver persons hellighet og trofasthet og tildele et himmelsk bosted og belønne de deretter.

Verket gjenstår etter ildens prøver

Igjen minner Paulus' 1. brev til korintierne 3:12-13 oss om, *"Men om noen på denne grunnvold bygger med gull, sølv, kostelige stener, tre, høy, strå, da skal enhvers verk bli åpenbart; for dagen skal vise det, for den åpenbares med ild, og hvordan enhvers verk er, det skal ilden prøve."*

Hvis Gud kontrollerer hver persons verk, kvaliteten av hver persons verk viser seg å være troens gull, sølv, kostelige stener, tre, høy, og strå. Etter Guds kontroll, mennesker med tro av gull, sølv, kostelige stener, tre eller høy vil bli ledet til frelse, men mennesker med tro av strå kan ikke bli frelset fordi de ikke er noe bedre enn en død sjel.

For øvrig kan folk med tro av gull, sølv, eller kostbare stener overvinne sterke prøver akkurat som gull, sølv eller kostbare stener ikke kan bli brendt med ilden, men for mennesker med tro som tre og høy er det ikke lett å overvinne disse forferdelige og sterke prøvene.

Kjennemerke av gull, sølv, og kostbare stener.

Gull er et smibart, formbart, gult, og metallisk element og er brukt spesielt til å lage mynter, juveler, accessorier, eller kunst. Det har lenge blitt sett på som en av det mest verdifulle juveler.

Dens nydelige klarhet forandres ikke, selv etter lang tid, fordi det ikke er noen kjemikalsk reaksjon mellom gull og andre stoffer. Gull har derfor blitt sett på som en av de mest verdifulle juveler på grunn av at den er uforandelig, veldig brukelig i mange former, og fleksible nok til å bli laget til mange former.

Sølv er brukt masse for mynter og accesorier og for industri grunner fordi det er nummer to når det kommer til smibarhet og formbarhet, og leder varme veldig godt. Sølv er lettere enn gull, og er ikke så pen eller blank som gull.

Kostbare stener som diamanter, saffirer, eller smaragder emanerer en vidunderlig farve og klarhet, men kan ikke bli brukt i mange tilfeller. De mister også deres verdi og blir verdiløse hvis de går i stykker eller blir rispet.

Gud måler derfor hver persons tro som troen av gull, sølv, kostbare stener, tre, høy, strå ifølge det resterende verk med sterke prøver, og anser troen av gull som den mest verdifulle av de alle.

Behold troen av gull

På den ene side, mennesker med tro som gull blir ikke sjokkert selv om de kommer til sterke prøver. Troen av sølv er ikke så sterk som gull, men den er høyere enn den av kostbare stener som er svak i ilden. På den annen side, menneskene med tro av tre eller høy, hvems verk er brent av Guds prøver med ilden, kan knapt motta frelse uten noen som helst belønning. Gud belønner deg i forhold til hva du har gjort på grunn av at han er upartisk og rettferdig. Han aksepterer derfor mennesker som har konstant tro, på samme måte som gull aldri forandres, og belønner dem i himmelen og også på jorden.

Apostelen Paulus, som viet seg selv som apostelen for hednigene, preket om evangeliet med et konstant hjerte og ledet løpet om troen helt til slutten fordi om han kom opp mot mange prøver og besværligheter fra tiden hvor han først møtte Herren. Apostelens gjerninger 16:25 forteller oss følgende: *"Men ved midnattstid holdt Paulus og Silas bønn og sang lovsanger til Gud, og fangene hørte på dem."* Ved å preke evangeliet hadde Paulus og Silas blitt brutalt prylet og fengslet med deres føtter festet i gapestokkene, men de sang lovord til Gud i deres bønner uten å klage.

På denne måten helt til døden, nektet Paulus aldri Herrens nærvær eller momlet et eneste ord med klage. Han var alltid gledelig og takknemlig med et hjerte som var fyllt med håp for himmelen, og var trofast i Herrens arbeide ved å til og med gi opp sitt eget liv.

Hvis du har tro som gull som apostelen Paulus, vil du også leve på et vidunderlig sted som skinner akkurat solen i himmelen, og motta Guds store kjærlighet på grunn av ditt arbeide som ikke kan bli brent til aske.

Tro som tre og høy

Mennesker med tro som sølv utfører deres forpliktelser som de skulle, selv om deres tro er mindre enn troen av gull. Hva er så troen som kostbare stener lik?

Mennesker med troen av kostbare stener tilstår, "Jeg vil bli trofast til Herren! Jeg vil preke om evangeliet med hele mitt hjerte," etter at de har blitt helbredet av deres sykdom eller fylt med den Hellige Ånd. Når deres bønner er svart, da påstår de, "Fra nå av vil jeg leve bare for Gud." Utenfra ser det ut som om de har en tro av gull, men snubler og kommer på villspor i sterke prøver fordi de virkelig ikke har troen av gull. Det ser ut som om de har stor tro når de blir fylt med den Hellige Ånd, men snur seg vekk fra troens vei, og på slutten blir deres hjerter sønderknuste i mange deler akkurat som om de ikke hadde noen tro i det hele tatt.

Med andre ord, troen av kostbare stener ser pene ut bare for et øyeblikk. Men troens arbeide vedrørende de kostbare stenene er fremdeles beholdt etter de sterke prøvene, akkurat som formen av juvelene eller de kostbare stenene blir beholdt i ilden.

Arbeidet til troen av tre og høy derimot, blir brent til ingenting etter sterke prøver. Og igjen forteller Paulus 1. brev til korintierne 3:14-15 oss at, *"Om det verk som en har bygget, står seg, da skal han få lønn. Om ens verk brenner opp, da skal han tape lønnen; men selv skal han bli frelst, dog således som gjennom ilden."*

Det er sant at mennesker med troen av gull, sølv, eller kostbare stener er frelset og belønnet i himmelen på grunn av at arbeidet til deres tro fremdeles er til stede etter en sterk prøve ifra Gud. Men arbeide til de med tro av tre eller høy er brent til aske gjennom sterke prøver, og slike individer blir knapt frelst, og kan ikke motta noen belønning i himmelen.

Gud aksepterer din tro gledelig og belønner deg stort når du søker Ham hjertelig. Hebreerne 11:6 sier, *"Men uten tro er det umulig å tekkes Gud; for den som treder frem for Gud, må tro*

at Han er til, og at Han lønner dem som søker Ham."
Han måler troen til hver person gjennom ildens prøver. Gud gir også velsignelse på jorden og belønninger i himmelen til alle med en konstant tro som gull.

Du må derfor forstå at det er forskjellige svar og velsignelser fra Gud sammen med forskjellige bosteder og kroner i himmelen ifølge målingen av hver persons tro.

Må du streve for å beholde troen av gull som tilfredsstiller Gud slik at du kan nyte Hans velsignelser på alle måter i denne verdenen og leve på et vidunderlig sted hvor solen skinner som i himmelen, i Herrens navn jeg ber!

4. kapittel

Troen Til å Motta Velsignelse

1
Troens Første Nivå
2
Har Du Mottatt Den Hellige Ånd?
3
Troen Til De Kriminelle Som Angret
4
Ikke Undertrykk Den Hellige Ånd
5
Var Adam Frelset?

∽

Peter sa til dem,
"Omvend dere, og hver av dere
la seg døpe på Jesus kristi navn
til syndenes forlatelse,
så skal dere få den Hellige Ånds gave.
For løfte hører dere til og deres barn
og alle dem som er langt borte,
så mange som Herren vår Gud kaller til."
(Apostlenes gjerninger 2:38-39)

I det tidligere kapittelet, overskuet jeg at Gud aksepterte spirituell tro sammen med gjerninger, at hver person har forskjellig måling når det kommer til den spirituelle tro, og at den vokser ifølge hver persons lydighet til Guds ord.

Målingen av troen vil være kategorisert i fem deler – troen av gull, sølv, kostbare stener, tre, og høy. Akkurat som du går opp en trapp et steg av gangen, din tro vokser også, fra høy til gull, ettersom du hører på Guds ord og adlyder det.

For du kan komme til himmelen bare ved troen. For å kunne ta sterk hold om det himmelske riket, må du øke din tro et steg av gangen. Like mye som du beholder troen av gull vil du dessuten gjenopprette det mistede avbilde av Gud, bli favorisert og godkjent av Ham, og på slutten nå det Nye Jerusalem hvor tronen til Gud befinner seg. Hvis du har tro som gull, er Gud fornøyd med deg, spaserer med deg, svarer på ditt hjertes ønsker, og velsigner deg til å foreta vidunderlige tegn.

Derfor håper jeg at du vil måle din tro og streve etter å beholde en mer perfekt tro.

1. Troens Første Nivå

Før vi mottok Jesus Kristus, var vi djevelens barn og måtte gå inn i helvete på grunn av våre liv i synden. Om dette sier

Johannes 1. brev 3:8, *"Den som gjør synd, er av djevelen; for djevelen synder fra begynnelsen. Dertil er Guds Sønn åpenbaret at han skal gjøre ende på djevelens gjerninger."* Samme hvor god og uskyldig du ser ut, vil du finne deg selv i mørket, på grunn av at din ondskap som er gjemt inne i deg vil bli avslørt når lyset til Guds perfekte sannhet skinner på deg.

Jeg tenkte en gang at jeg var slik en god person at jeg kunne leve uten lover. Men når jeg aksepterte Herren og så meg selv i speilet for ordets sannhet, fant jeg ut av hvilken ond mann jeg hadde vært. Måten jeg handlet på, hva jeg sa eller hørte, og hva jeg tenkte var i motsetning til Hans Budskap.

Gud kommanderte Job i Jobs bok 1:8, ved å si, *"For det er ingen på jorden som ham, en ulastelig og rettskaffen mann, som frykter Gud og viker fra det onde."* Men samtidig var den samme Job sett på som en uskyldig og rettskaffen mann, mumlet ordene jamrende, klagende, eller stønnende ettersom han led av mange strenge prøver.

Han tilsto, *"Ennu idag gjelder min klage for å være gjenstridighet; min hånd hviler dog tungt på mitt sukk"* (Jobs bok 23:2), og *"Så sant Gud lever, som har tatt min rett fra meg, den Allmektige, som har voldt meg bitter sorg"* (Jobs bok 27:2).

Job kom for å avdekke hans ondskap og syndighet i livstruende prøver, selv om han hadde blitt sagt å være en "uskyldig og oppriktig mann." Hvem så kan påstå at de er syndfrie i Guds øyne, som selv er selve lyset uten noen form for hemmelighet i Ham?

I Guds øyne, alle restene av synder i ditt hjerte som hat eller misunnelse og også syndige gjerninger slik som slåssing, krangling, eller stjeling er alle sett på som synder. På dette forteller Gud oss tydelig i Johannes 1. brev 1:8, *"Dersom vi sier at vi ikke har noe synd, da dårer vi oss selv, og sannheten er ikke i oss."*

Akseptere Jesus Kristus

Kjærlighetens Gud sendte Hans eneste Sønn Jesus til jorden for å frelse oss fra våre synder. For oss var Jesus korsfestet og ga Hans dyrebare blod som er rent og uskyldig. Han var straffet for våre synder. Men på den tredje dagen, etter at han brøt dødens makt sto Han opp fra de døde. Førti dager etter Hans oppstandelse, steg Jesus opp til himmelen rett foran øynene på Hans disipler, med løfte om å komme tilbake og ta oss opp til himmelen (Apostlenes gjerninger 1).

Nå vil du motta den Hellige Ånd som en gave og bli forseglet som et av Guds barn når du tror på veien til frelse og aksepterer Jesus Kristus som din Frelser inn til ditt hjerte. Da mottar du også rettighetene til å bli Guds barn, som lovet i Johannes evangeliet 1:12: *"Men alle dem som tok imot ham, dem ga ham rett til å bli Guds barn, dem som tror på Hans navn."*

Retten til å bli Guds barn

Innbill deg at et barn blir født. Hans foreldre meddelte om hans fødsel i en by eller rådhus og registrerte hans navn som deres sønn. På samme måte, hvis du er født igjen som et av Guds barn, ditt navn er registrert i Livets Bok i himmelen og du blir gitt den himmelske statsborgerskap.

Når du er på troens første nivå, bli du derfor Guds barn ved å akseptere Jesus Kristus og blir tilgitt dine synder (Johannes' 1. brev 2:12), og kaller Gud "Fader" (Paulus brev til galeterne 4:6). Du er også lykkelig ved at du mottok den Hellige Ånd fordi om du ikke kjenner Guds sanne ord, og ved å se omgivelsene, kan du føle Guds nærvær.

Det første nivået av troen er derfor kalt "troen til å motta frelse" eller "troen til å motta den Hellige Ånd," og er det samme som troen til små spedbarn/småbarn eller høy som vi beskrev tidligere.

2. Har Du Mottatt Den Hellige Ånd?

I Apostelens gjerninger 19:1-2, Paulus, en apostel for hedningene som viet seg selv til å preke om evangeliet, møtte noen disipler i Efesos og spurte dem, *"Fikk dere den Hellige Ånd når dere kom til troen?"* Til dette svarte de, *"Nei, vi har ikke engang hørt at det finnes en Hellig Ånd."* De mottok dåpen av vann for angerfølelsen som Døperen Johannes ga dem, men ikke dåpen til den Hellige Ånd som Guds gave.

Akkurat som Gud lovet i Profeten Joel 2:28 og Apostelenes gjerninger 2:17 at Han ville kaste ut hele Hans Sjel på alle menneskene, slik var de siste dagene fullført, og menneskene som mottok Guds Ånd, den Hellige Spirit, opprettet kirken. Men akkurat som disiplene i Efesus, er det mange mennesker som påstår at de tror på Gud, men som lever uten å vite hvem den Hellige Ånd er og hva Hans dåp er.

Hvis du mottok rettighetene som Guds barn ved å akseptere

Jesus Kristus, gir Han deg den Hellige Ånd som en gave som garanti for den rettigheten. Hvis du derfor ikke kjenner den Hellige Ånd, kan du ikke bli kalt eller ansett som Guds barn. Paulus' 2. brev til korintierne 1:21-22 sier, *"Men den som binder oss fast til Kristus, og som salvet oss, det er Gud, han som etablerte oss og satte sitt innsegl på oss og gav ånde til pant i våre hjerter."*

Motta Den Hellige Ånd

Apostelenes gjerninger 2:38-39 forklarer i detaljer om hvordan vi kan motta den Hellige Ånd: *"Omvend dere, og enhver av dere la seg døpe på Jesus Kristus navn til syndenes forlatelse, så skal dere få den Hellige Ånds gave! For løfte hører dere til og deres barn og alle dem som er langt borte, så mange som Herren vår Gud kaller til."*

Alle er tilgitt deres synder og mottar gaven til den Hellige Ånd hvis han tilstår sine synder, angrer beskjedent, og tror på at Jesus er hans Frelser.

For eksempel, i Apostelenes gjerninger 10 er det en hedning med navnet Cornelius i Caesarea. En dag besøkte apostelen Peter hans hus og fortalte ham og hans famile om evangeliet til Jesus Kristus. Mens Peter preket, den Hellige Ånd kom til dem og de begynte å prate i tunger.

Mennesker som mottar den Hellige Ånd ved å akseptere Jesus Kristus som deres Frelser er ved deres første nivå av troen. Men fremdeles vil de knapt bli frelset, fordi de ennå ikke har kastet bort alle deres synder ved å kjempe mot dem, fullføre deres forpliktelser som er gitt til dem av Gud, eller gitt ære til faderen. Forbryteren som ble hengt på korset på den ene siden av Jesus aksepterte Ham som sin personlige Frelser, og målingen av hans tro er derfor også på det første nivået.

3. Troen Til De Kriminelle Som Angret

Lukas 23 forteller oss at to kriminelle ble hengt på deres kors på hver side av Jesus. Mens den ene av dem gjorde narr av Jesus, den andre kriminelle irettesatte den første og aksepterte Jesus Kristus ved å angre på hans synder. Han sa, *"Jesus, kom meg i hu når du kommer i ditt rike,"* og Jesus svarte ham, *"Sannelig sier jeg deg: Idag skal du være med meg i Paradiset"* (v. 42-43).

"Paradiset" som Jesus ga løfte om til forbryteren er på utsiden av himmelen. Der vil mennesker på det første nivået av troen komme inn og bo for alltid. Frelsede sjeler i Paradiset blir ikke gitt noen belønninger i det hele tatt. Denne frelsede forbryteren tilsto hans synder etter hans gode samvittighet og ble tilgitt ved å akseptere Jesus Kristus som sin Frelser.

Men, han gjorde ikke noe for Herren i løpet av hans liv på jorden. Det er derfor han mottok Paradisets løfte hvor det ikke er noen belønning. Hvis mennesker ikke engang gror deres tro på størrelse med et lite sennepsfrø selv etter at de har mottat den Hellige Ånd ved å akseptere Jesus Kristus, vil de knapt være spart og vil leve i evighet i Paradiset uten noen belønning.

Men du må ikke tro at bare nye troende eller begynnere med ny tro er på det første nivået av troen. Selv om du har ledet et kristelig liv i lang tid og vært en av menighetens eldste eller en diakon, vil du motta skammelig frelse hvis ditt arbeide er brendt til aske i ildens prøve.

Derfor må du be og streve med å leve etter Guds ord etter at du har mottat den Hellige Ånd. Hvis du ikke lever etter Guds ord, men i stedenfor fortsetter med å synde, vil ditt navn bli visklet ut fra Livets Bok i himmelen og du vil ikke komme inn i himmelen.

4. Ikke Undertrykk Den Hellige Ånd

Det er noen mennesker som engang hadde vært troende, men som gradvis ble halvhjertet i deres tro av forskjellige grunner, og knapt mottok frelse.

En mann som var en av menighetens eldste i min kirke tjente trofast på mange måter i kirken, så hans tro lot til å være utmerket på utsiden. Men en dag ble han plutselig veldig syk. Han kunne ikke engang snakke og kom for å motta mine bønner. I stedenfor å be for at han skulle bli helbredet, ba jeg for hans frelse. På den tiden led hans sjel så mye på grunn av frykten om kampen mellom englene som prøvde å ta ham til himmelen, og den djevelske sjelen som prøvde å ta ham til helvete. Hvis han hadde hatt nok tro til å bli frelset, ville den onde sjelen ikke ha kommet for å ta ham i første omgang. Øyeblikkelig ba jeg for å drive ut den onde ånden, og ba til Gud om at Han kunne motta denne mannen. Rett etter bønnen, fikk han trøst og begynte å gråte. Han angret like før han døde og ble knapt frelset.

Den samme mannen hadde en gang blitt frisk etter at han tidligere hadde mottatt mine bønner og til og med hans kone kom tilbake til livet fra dødens dørterskel gjennom min bønn. Ved å høre på livets ord, hans familie som hadde hatt mange problemer ble en lykkelig familie. Siden da vokste han til å bli en trofast tjener for Gud gjennom hans anstrengelser og var trofast i hans oppgaver.

Men når kirken sto overfor en rettssak, prøvde han ikke å forsvare eller beskytte den, men istedenfor tillot han at hans tanker ble kontrollert av Satan. Ordene som kom ut av hans munn satte en stor vegg av synder mellom han selv og Gud. Til slutt kunne han ikke lenger bli satt under Guds beskyttelse og fikk en seriøs sykdom.

Som en av Guds tjenere, skulle han ikke ha sett eller hørt på noe som var mot sannheten og Guds vilje, men i stedet, skulle han ha hørt på de sanne tingene og spre dem. Gud kunne bare snu ryggen til mannen fordi han hadde snudd ryggen til Guds store nåde som hadde hjulpet ham fra en seriøs sykdom. Hans belønninger smuldret bort og han hadde ikke lenger styrke nok til å be. Hans tro gikk tilbake og på slutten nådde et punkt hvor han ikke engang kunne bli sikker på frelse.

Heldigvis siden Gud husket hans tjeneste til kirken tidligere, kunne mannen til og med få den skammende frelse etter at Gud hadde gitt ham nåden til å angre på hva han hadde gjort.

Derfor må du innse at for Gud, din holdning innerst inne i ditt hjerte mot Ham og hvordan du fungerer i forhold til Hans vilje er mere viktig enn hvor mange år du har hatt troen. Hvis du går i kirken regelmessig, men bygger en vegg med synder ved å ikke adlyde Guds ord, den Hellige Ånden i deg forsvinner, du mister troen som er så liten som et sennepsfrø (Paulus 1. brev til tessalonikerne 5:19), og du vil ikke bli frelset.

I hebreerne 10:38 sier Gud, *"Men den rettferdige, ved tro skal han leve, og dersom han undrar seg, har min sjel ikke lyst til ham."* Hvor miserabel vil du ikke bli hvis du vokser opp i din tro i årevis bare ved å gå tilbake til verden! Du må være våken hele tiden og ikke bli fristet eller erfare tilbakefall av din tro.

5. Var Adam Frelset?

Mange mennesker undrer hva som skjedde med Adam og Eva etter at de spiste frukten av treet med kunnskapen om det gode og det onde. Kunne de bli frelst selv etter at de ble forbannet og drevet fra Edens Have på grunn av deres ulydighet?

La oss forske inn i prosessen hvor den første mannen Adam ikke adlød Guds befaling. Etter at Gud skapte himmelen og jorden, laget Han menneskene fra støvet på bakken i likhet med Hans eget speilbilde. Når Han pustet livets ånd inn i mannen, ble mannen et levende menneske. Så plantet Han Edens Have på østsiden av Eden, separat fra jorden og ledet ham dit.

I Edens Have hvor alt var penere og i mer overflod enn noe annet sted på jorden, hadde Adam ingen ønsker og nøt velsignelsen av det evige liv og rettighetene til å kontrollere alle ting. I tillegg, ga Gud ham en tjener og velsignet dem med å være fruktbare, ha det bra, og fylle jorden. Det vil si Gud velsignet den første mannen Adam med å leve i de beste omgivelser uten å ha noe som helst behov.

Men det var en ting som Gud hadde forbudt. Han sa, *"Men treet til kunnskap om godt og ondt, det må du ikke ete av; for på den dag du eter av det, skal du visselig dø"* (Første Mosebok 2:17). Dette viser Guds fullstendige souverenitet og viser at Han hadde etablert en rekkefølge mellom Ham og menneskene.

Etter en lang tid, unnlot Adam og Eva Guds befaling og spiste frukten på treet etter fristelsen ifra slangen. De syndet og deres ånder døde som et resultat av deres synder, og de ble til slutt kjødelige og syndige.

De måtte bli drevet ut av Edens Have og leve på jorden i midten av alle slags lidelser som sykdommer, tårer, sorg, og smerte, og døde når deres livsånde endte, akkurat som Gud hadde fortalt, *"Du vil helt sikket dø."*

Mottok Adam og Eva frelse og kom til himmelen? De adlød ikke Guds befaling og syndet mot Ham. På grunn av dette, kranglet noen folk om at, "De ble ikke frelset fordi de syndet og førte til at alle ting ble forbannet og at alle deres etterkommere skal leve med lidelser." Men likevel åpnet kjærlighetens Gud også veien til frelse for dem. Deres hjerter ble renere og mildere mot Gud selv etter at de hadde syndet, i sterk motsetning til folk idag hvor hjertene er merket med alle slags synder og ondskap i denne onde verdenen.

Som resultat av deres synder, måtte Adam selv arbeide hardt, veldig forskjell fra den gang han levde i Edens Have, og Eva måtte lide av flere smerter under fødsel enn hun hadde gjort i Edens Have. Begge så også på at en av sønnene deres mordet den andre.

Gjennom de lidelsene og erfaringene, begynte Adam og Eva å

innse hvor verdifulle velsignelsene og overfloden som de hadde nytet i Edens Have hadde vært. De savnet tiden hvor de hadde levet i kjærlighet og beskyttelse av Gud. De så i deres hjerter at alt hva de hadde nytet i Edens Have hadde vært velsignelsene og kjærligheten til Gud, og angret voldsomt på deres ulydighet med å følge Guds befalinger.

Hvordan kunne kjærlighetens Gud, som til og med tilgir en morder når han angrer helt innerst inne i sitt hjerte, ikke motta deres angerfølelse? Som nøkternt var de skapt med selve Guds hender og oppdratt i nåden og omsorg til Gud i lang tid. Hvordan kunne Gud sende dem bort til helvete?

Gud aksepterte Adam og Evas angerfølelse og ledet dem til velsignelsens vei i Hans kjærlighet. Selvfølgelig var de bare så vidt frelst og rakk frem til Paradiset. Det er på grunn av at de overga Guds kjærlighet selv om Han inderlig elsket dem. Deres ulydighet var ikke en ubetydelig ting fordi det brakte store smerter til Guds hjerte og brakte død og smerter til mange generasjoner som kom etter dem.

Forestill deg utviklingen til et spedbarn og hvordan det vokser. Hvis spedbarnet vokser opp fint, er hans mor og far fornøyde, men hvis spedbarnet er et barn som ikke vokser, hans foreldres' engstelse og bekymringer øker hver dag.

På samme måte, når du mottar den Hellige Ånd og har troen som er like liten som et sennepsfrø, må du streve mye for å forbedre din tro ved å lære og adlyde Guds ord. Bare da vil du kunne motta hva du enn spør om i Herrens navn, gi ære til Gud, og gå mot det himmelske riket.

Hvis du ikke er tilfredsstilt med det faktum at du er frelset og har mottat den Hellige Ånd, men strever etter å komme på høyere nivå av troen og nyter rettferdigheten og velsignelsene som Guds elskede barn, i vår Herres navn jeg ber!

5. kapittel

Tro ved å Prøve å Leve Etter Guds Ord

1
Troens Andre Nivå

2
Det Vanskeligste Trinnet i Livet er Troen

3
Troen Til Isralittene Under 2. Mosebok

4
Med Mindre Du Tror og Adlyder

5
Umodne og Modne Kristne

*"Så finner jeg da den lov for meg,
jeg som vil gjøre det gode, at det onde ligger meg
for hånden.
For jeg har lyst til Guds lov
etter mitt innvortes menneske,
men jeg ser en annen lov i mine lemmer,
som strider mot loven i mitt sinn
og tar meg til fange under syndens lov,
den som er i mine lemmer.
Jeg elendige menneske!
Hvem skal fri meg fra dette dødens legeme?
Gud være takk ved Jesus Kristus, vår Herre!
Så tjener da jeg Guds lov
med mitt sinn,
men syndens lov med mitt kjøtt."*
(Paulus' brev til romerne 7:21-25)

Like så mye som du innlater deg på et nytt liv i Kristus og mottar den Hellige Ånd, blir du intens og entusiastisk i ditt liv i troen og er fylt med glede og frelse. Du anstrenger deg for å overholde Guds ord hvis du blir kjent med Gud og himmelen. Den Hellige Ånd hjelper deg å forstå sannheten og følge sannhetens vei. Hvis du ikke adlyder Guds Ord, føler du deg elendig på grunn av at den Hellige Ånd i deg stønner og du kommer til å innse hva synd er.

På denne måten, fordi om du først har troen som gjør det mulig for deg å bli frelst, strever du etter å kunne leve etter Guds ord ettersom din tro vokser. La oss undersøke i detaljer hvordan du lever ditt liv i troen på dette stadiet.

1. Troens Andre Nivå

Når du blir frelset ved å tro på Jesus Kristus og er på troens første stadie, kan du begå synd uten å vite det på grunn av at du bare har begrenset kunnskap til Guds ord. Det er det samme med et spedbarn som ikke føler skam selv om han er naken.

Men, hvis du hører på Guds ord og spirituelt føler at det er liv i Ordet, vil du ivrig høre på ordet og be til Gud. Likesom du ser trofaste kirketjenere, vil du også ønske om å lede et trofast liv med Kristus.

Følgelig og gradvis, snur du deg fra den verdenslige måten å leve på, går i kirken, og strever etter å høre på Guds ord. Du nøt en gang forbindelsen med sekulære venner, men nå vil du følge spirituell lære og fellesskap på grunn av at ditt hjerte søker Ånden.

På troens neste trinn, lærer du å leve et godt kristelig liv som Guds barn gjennom budskapet til presten og uttalelser fra Kristus andre brødre og søstre.

Selvfølgelig lærer du å leve som en kristen. Du beholder Herrens Dag hellig og bringer de hele ti prosentene til Guds hus. Du lærer at du må alltid være lykkelig, be uopphørlig, og alltid takke. Du lærer å elske dine naboer som dine egne, og elske til og med dine fiender. Du blir også fortalt at du ikke bare skal kaste vekk all slags ondskap slik som hat, misunnelse, dømming, eller ærekrenkelse, men også ta etter Herrens hjerte. På dette tidspunktet, gjør du opp din mening om å leve gjennom Budskapet.

2. Det Vanskeligste Trinnet i Livet er Troen

På denne måten prøver du alt for å adlyde ordet fordi du kjenner sannheten. Men samtidig føler du deg tung fordi det ikke alltid er like lett å leve etter Budskapet. Dine gjerninger virker å være i konflikt med din vilje.

På mange måter kan du ikke leve etter budskapet på grunn av at du ikke har mottat nok av Guds spirituelle styrke ennå. Noen folk vil kanskje til og med stønne og klage ved å si, "Jeg ønsker at jeg aldri hadde blitt kjent med kirken."

La meg klargjøre dette med et eksempel. Du vil holde Herrens dag hellig hver søndag, men du mislykkes noen ganger å holde den hellig på grunn av noen sosiale sammenkomster eller møter. Noen ganger går du i kirken til søndagens morgengudstjenesten, men går glipp av søndagens kveldsgudstjeneste. Noen ganger går du til dine venner eller families bryllup uten å delta i søndags gudstjenestene. Du vet også at du må ofre Gud hele din tiendedel, men adlyder ikke alltid den befalingen. Andre ganger finner du deg selv med hat mot andre fordi om du prøver å ikke hate. Begjær oppstår når man ser et attraktivt medlem av det andre kjønn, fordi den type synd og ondskap er fremdeles i ditt hjerte (Matteus 5:28).

Akkurat som når du er på det andre trinnet av troen, prøver du ditt beste For å adlyde Guds ord, selv om du ikke har mottat hele styrken til å adlyde. Uansett prøver du alt for å kaste vekk dine synder, slik som å dømme andre, misunnelse, sjalusi, utroskap, og lignende, alt som går mot Budskapet.

Ikke alltid adlyde budskapet

I Paulus' brev til romerne 7:21-23, apostelen Paulus diskuterte i detaljer hvorfor troens andre trinn er det tøffeste steget i livet når det kommer til troen:

> *Så finner jeg da den lov for meg, jeg som vil gjøre det gode, at det onde ligger meg for hånden. For jeg har lyst til Guds lov etter mitt innvortes menneske, men jeg ser en annen lov i mine lemmer, som strider*

mot loven i mitt sinn og tar meg til fange under syndens lov, den som er i mine lemmer.

Det er noen kristne som føler pine fordi de kjenner ordet, men de holder fremdeles ikke Guds befalinger. Det er den spirituelle leders plikt å fornuftig lede dem til sannheten.

La oss si at det er en mann som ikke kan stoppe å røyke eller drikke. Hvis du irettesetter ham ved å si, "Hvis du fortsetter å røyke eller drikke, vil Gud bli sint på deg," vil han nøle med å komme til kirken og til slutt forlate Gud. Du må heller oppmuntre ham ved å si, "Du kan lett slutte med å røyke og drikke fordi Gud vil hjelpe deg. Hvis din tro vokser, vil det bli lett å kutte dem ut. Så venligst be uopphørlig med troen på Gud." I dette tilfelle, skulle du ikke lede ham til å komme til Gud med skyldfølelse og frykt om straff. I stedet skulle du lede ham til å komme til Gud med glede og takknemlighet med følelse og forsikring om Guds kjærlighet.

Et annet eksempel er om en mann som møter i kirken bare på søndagens morgengudstjeneste, men åpner hans butikk på ettermiddagen. Hva ville du si til ham? Du må heller føre og venligst advare ham ved å si, "Gud liker at du holder hele Herrens helligdag hellig. Hvis du holder hele Herrens helligdag hellig og ber for Hans velsignelse, vil du sikkert se at Gud velsigner deg rikeligere enn du kan tjene ved å åpne din butikk på Herrens Hellige Dag."

Likevel menes det ikke at det er riktig for målingen av noens tro å bli uforandret uten noe som helst utvikling. Akkurat som vi ser det i utviklingen av et barn som, uten skikkelig og beleilig vekst, blir syk, invalid, eller dør, slik en persons tro blir svakere med tiden og han vil bli langt fra veien til frelse. Hvor forferdelig vil det ikke bli hvis han ikke kan bli frelst!

Jesus forteller oss i Johannes' åpenbaring 3:15-16, *"Jeg vet om dine gjerninger, at du hverken er kald eller varm; jeg skulle ønske du var kald eller varm. Derfor, siden du er hverken kald eller varm, men lunken, vil jeg utspy deg av Min munn."* Gud irettesetter og informerer oss om at vi ikke kan bli frelst med lunken tro. Hvis din tro er kald, må Gud få deg til å angre og frelse deg ved å gi deg prøver. Men, hvis du fremdeles har lunken tro, er det ikke lett for deg å finne deg selv og angre på dine synder.

3. Troen Til Isralittene Under 2. Mosebok

Når du unnlater å leve etter Guds ord, har du en tendens til å beklage deg eller surmule på dine vanskeligheter i stedet for å overvinne dem med tro og glede. Uansett, kjærlighetens Gud tolererer og kontinuerlig oppmuntrer deg til å leve og forholde deg i sannheten.

La meg klargjøre dette med et eksempel. Isralittene hadde vært slaver for rundt 400 år i Egypt. De dro derfra under ledelse av Moses og så Guds mektige arbeide demonstrert mange ganger mens de marsjerte mot landet Canaan.

De var vitne til de Ti Plagene som ble påført Egypt; vannet i Røde Havet delte seg i to; og det sure vannet i Marah forandre seg til søtt, drikkebart vann. De spiste også manna og vaktel som kom ned fra himmelen da de passerte gjennom Syndenes ørken. Det var slik de vitnet til Guds vidunderlige arbeide.

Likevel klaget de og sytet i stedet for å be med tro når de møtte vanskeligheter. Men uansett har Gud overflod av kjærlighet og barmhjertighet nok til å være med dem og lede dem dag og natt til de ankom Løftets land.

Et klagende og forbitret folk

Hvorfor fortsatte isralittene med å surmule og syte hver gang de møtte prøver og motgang? Det var ikke på grunn av selve situasjonen, men på grunn av deres tro. Hvis de hadde hatt sann tro, ville de hatt nytet Canaan, Løftets land, i deres hjerter selv om de i realiteten var i ødemarken.

Med andre ord, hvis de trodde på at Gud sikkert ville lede dem til landet Canaan, ville de ha nådd det ved å overvinne alle slags vanskeligheter, uten å føle pine eller smerte samme hva slags vanskeligheter de møtte i ødemarken.

Avhengig av hva slags tro du har og hva slags innstilling folk har, kan deres reaksjon være forskjellig selv i de samme omgivelsene eller situasjonene. Noen føler pine når de møter besværligheter; andre aksepterer dem med en viss pliktfølelse; og fremdeles andre finner Guds vilje i midten av vanskelighetene og adlyder dem med glede og takknemlighet.

Hvordan kan du føre et kristelig liv full av takknemlighet uten å klage? La meg klargjøre dette med et eksempel. Se at du lever i Seoul og har store økonomiske problemer.

En dag kommer noen til deg og sier, "Det er en diamant med størrelse på en fotball nedgravd på en strand i Pusan, rundt 266 mil sørøst for Seoul. Den er din hvis du finner den. Du kan enten gå eller springe til stranden, men du kan ikke kjøre, ta buss,

tog, eller fly for å komme dit."
Hvordan ville du reagere? Du ville aldri si, "Ok. Diamanten er nå min på grunn av at han ga den til meg, så jeg vil hente den neste år" eller "Jeg vil dra dit neste måned på grunn av at jeg er veldig opptatt akkurat nå." Du vil sikkert i all hastighet begynne å løpe med en gang du får nyheten ifra ham.

Når folk hører de samme nyhetene, vil de fleste av dem springe mot Pusan og ta den korteste veien for å få fatt i den verdifulle diamanten så fort som mulig. Ingen vil gi opp på vei til Pusan samme hvor mye smerter han har i føttene eller hvor utmattet han er. I stedet vil du spurte for å få den verdifulle diamanten med takknemlighet og glede uten å klage på smertene i dine føtter.

På samme måte, hvis du har selvsikkert håp om det evige og nydelige himmelske riket og uforandret tro, kan du løpe løpet med troen uten å klage under noen omstendigheter til du har nådd himmelen.

Lydige mennesker

Hvis du adlyder Guds ord, vil du ikke føle pine eller byrde i ditt kristne liv, men ta fornøyelse og glede. Hvis du føler deg bekymret i ditt troende liv, vitner det til din ulydighet til Guds ord og med å gå på avveie imot Hans vilje.

Her er et eksempel. I gamle dager brukte de hester for å dra vogner. Hester var ofte pisket selv om de jobbet for deres herrer. De behøvde ikke å bli pisket hvis de adlød deres herrer, men hvis de ikke adlød deres herrer, kunne de ikke komme unna forferdelig pisking.

Det er det samme med mennesker som ikke adlyder Guds ord. Slike mennesker har deres egne veier og gjør at Herren grynter. Fra tid til annen er de pisket. I motsetning, mennesker som adlyder Guds ord, sier, "Gud, fortell meg. Jeg vil bare følge deg," lev fredfulle og enkle liv.

Gud kommanderer oss for eksempel om å, "Ikke stjele." Når du adlyder den kommandoen, føler du deg fredelig. Men, når du ikke adlyder det, føler du deg urolig fordi du har et ønske om å stjele. Det er veldig naturlig at Guds barn vil kaste bort hva enn Gud befaler deg til å kaste vekk. Hvis ikke blir han pinet i hans hjerte.

Det er derfor Jesus sier i Matteus 7:13-14, *"Gå inn gjennom den trange port! For den port er vid, og den vei er bred som fører til fortapelsen, og mange er de som går inn gjennom den. For den port er trang, og den vei er smal som fører til livet, og få er de som finner den."*

Troens nybegynnere finner det hardt og vanskelig, akkurat som å prøve å komme gjennom en smal gate, for å adlyde Guds ord. Men gradvis innser de at det er veien til himmelen og en sann og lykkelig vei.

4. Med Mindre Du Tror og Adlyder

Du har sikkert hørt mange ganger de følgende versene i Paulus' 1. brev til tessalonikerne 5: *"Vær alltid glade, be uavlatelig, takk for alt! For dette er Guds vilje i Kristus Jesus eder"* (v. 16-18).

Mister du gleden når noe sørgelig skjer deg? Rynker du

pannen når noen gir deg problemer? Blir du full av engstelse og uro når du er i økonomiske problemer eller blir forfulgt av noen? Noen finner det hyklersk å bli gledelig og takknemlig selv i vanskelige tider. De spør kanskje, "Hvorfor takker jeg hvis det ikke er noen å takke for?" De vet også at de skal være tålmodige, men blir urolig eller bråsint når de kommer opp mot uutholdelige situasjoner.

De begår utroskap i deres hjerte når de ser på en pen kvinne fordi de ikke ennå har kastet vekk begjæret fra deres hjerte. Disse tingene beviser at slike mennesker ikke har kastet bort deres synder ved å kjempe mot dem og adlyder ikke Budskapet.

Du hører ikke stemmen til den Hellige Ånd

Hvis du kjenner Guds ord godt, men ikke adlyder det, kan du ikke høre stemmen til den Hellige Ånd eller bli ledet av Ham fordi du vil ha bygget en vegg av synder mellom Gud og deg selv. Men til og med en nybegynner i troen kan høre Hans stemme og bli ledet av Ham når han fortsetter med å adlyde Guds ord. Akkurat som et lite barn ikke har noe å bekymre seg over når de adlyder deres foreldre, er Gud tilfredtilt med deg og leder deg mens du fortsetter å adlyde Ham selv med liten tro.

Her er et eksempel. Foreldre tar vare på deres unge barn på alle måter. Men de trenger ikke å bruke mye oppmerksomhet med ham når han vokser opp og selv kan spasere og mate seg selv. De trenger ikke lenger å behandle han som et spedbarn når han blir gammel nok for barneskolen. Men, foreldrene vil føle smerte og pine hvis barnet ikke har skoene skikkelig på seg eller ikke kan gjøre ting som han burde kunne gjøre alene.

På samme måte, hvis du har ledet et kristelig liv lenge nok til å bli en leder eller arbeider i din kirke, burde du adlyde Guds ord. Hvis du hører på Hans ord, men fortsetter å leve et kristelig liv som minner om et lite barns og fortsetter med å bygge en vegg av synder mot Gud, vil Han sende deg sine prøver. I slikt et tilfelle vil du ikke kunne motta svar fra Gud selv om du ber til Ham. Du kan ikke bære god frukt i ditt liv og motta beskyttelsen av Gud. Du vil ikke vokse, men istedenfor møte vanskeligheter. Du må leve et smertefullt og trett liv fylt med engstelser og problemer.

Du mottar hverken Guds svar eller Hans beskyttelse

Hvis du er på troens andre nivå, vet du veldig godt hva synd er og at du må kaste vekk ondskap og løgn innenfor deg selv. Hvis du ikke har kastet dem bort, men fremdeles har dem i sinnet, hvordan kan du, uten skam, komme til den hellige Gud som er selve lyset? Din fiende Satan og djevelen kommer mot deg og får deg til å tvile på Gud og på slutten frister deg til å komme tilbake til det verdslige.

Det var en av menighetens eldste i min kirke som prøvde å høste inn fra flere foretninger, og som spurte seg selv, "Hva skal jeg gjøre for min ledsager?"

Men han var ikke veldig vellykket selv om han var fysisk trofast, fordi hans hjerte ikke var helt rent, noe som er viktigere enn noe annet. Han vanæret Gud ved å ikke følge den riktige veien på grunn av hans kjødelige tanker og hans hjerte ofte søkte hans eget gode. Han laget også uærlige bemerkninger, ble sint på andre mennesker, og adlød ikke Guds ord på mange måter.

Videre, hvis ikke hans økonomiske og gjensidige forhold hadde fortsatt, ville han ikke ha kunnet holde på sin tro, men gitt etter med urettferdigheter. På slutten, fordi omfanget av tilbakeskrittet i hans tro vil ha gjort det så han mistet alle hans belønninger som han hadde tjent til dette tidspunktet, kalte Gud hans sjel på rett tid.

Derfor må du innse at den viktigste tingen ikke er fysisk trofasthet og titler som kirken har gitt deg, men å kaste vekk dine synder når du lever etter Guds Ord.

5. Umodne og Modne Kristne

Hvis du er på det første steget av troskap, føler du deg hverken opprørt eller hører at den Hellige Ånd grynter hvis du begår synder. Det er på grunn av at du ikke ennå kan se forskjell på sannhet og løgn og er ikke klar over at du begår synder til og med når du i virkeligheten virkelig begår det. Gud klandrer deg ikke like hardt når du begår synder fordi du ikke kan se forskjell på sannhet og løgn på grunn av at du ikke har nok kunnskap om Guds ord.

Det er på grunn av dette at et lite spedbarn ikke er dømt selv om han velter en kopp med vann eller slår i stykker fint servise på gulvet. I stedenfor vil hans foreldre eller andre familie medlemmer ikke dømme barnet, men sin egen uforsiktighet.

Men hvis du kommer inn på det andre nivået av troen, vil du begynne å høre gryntingen til den Hellige Ånd inne i deg selv, og begynne å føle deg ulykkelig når du begår synder. Fremdeles kan du ikke forstå hvert eneste Guds ord fordi du er som et lite barn i din sjel, og det er ikke lett for deg å adlyde ordet på egen hånd. Det er derfor at menneskene på det første trinnet av troen er kalt "kristne matet med melk."

Kristne matet med melk

Apostelen Paulus skriver i Paulus' 1. brev til korintierne 3:1-3 følgende:

> *Og jeg, brødre, kunne ikke tale til der som til åndelige, men bare som kjødelige, som til småbarn i Kristus. Jeg ga dere melk og drikke og ikke fast føde; for dere tålte den enda ikke. Dere er jo ennå kjødelige. For når det er avind og trette iblandt dere, er dere da ikke kjødelige og vandrer på menneskelig vis?*

Hvis du aksepterer Jesus Kristus, mottar du rettighetene til å bli Guds barn og ditt navn er skrevet ned i Livets Bok i himmelen. Men du er behandlet som et lite barn i Kristus fordi du ikke ennå har fullstendig gjenopprettet Guds bortkomne bilde.

På grunn av dette må de som er på det første og andre steget av troen bli tatt godt vare på. De burde lære Guds ord og oppfordre seg til å leve etter det like som du ville føde et spedbarn med melk.

Det er derfor at menneskene på det første eller andre trinnet av troen er kalt "kristne matet med melk." Hvis deres tro vokser, og de begynner å forstå og adlyde Guds ord på egen hånd, er de kalt "kristne matet med solid mat."

Derfor hvis du er en kristen matet med melk – på det første eller andre trinnet av troskapen – burde du prøve ditt beste med å bli en kristen som spiser fast føde. Men du må huske at du ikke kan leve et liv med makt som en kristen som har blitt matet med melk helt til du blir matet på nivået med fast føde. Hvis du gjør dette, vil du lide av dårlig fordøyelse. Akkurat som når et spedbarn er matet med fast føde, vil han ha dårlig fordøyelse. Derfor skulle du bli klok når du tar vare på din ektefelle, barn, eller noen annen som har liten tro. Først trenger du å sette deg selv i deres sko, og lede dem til å vokse i troen ved å fortelle dem om den levende Gud, i stedenfor å klandre eller formane dem om deres lille tro som er et resultat av deres egne stae hjerter eller ulydige gjerninger.

Gud straffer ikke mennesker som er på det første eller andre trinnet av troen selv om de ikke overholder Herrens hellige Dag eller ikke lever fullstendig etter budskapet. I stedenfor forstår Han deres situasjon og leder dem med kjærlighet. På denne måten, burde vi kunne innse målingen av vår tro like som andres tro og tenker fornuftig ifølge troens måleenhet.

Kristne som har blitt voksne i sin tro

Hvis du strever etter å lede et godt kristelig liv selv om du er på det første eller andre trinnet av troen, beskytter Gud deg fra mange problemer og prøver. Uansett skulle du ikke stoppe ved målingen av det andre nivået av troen uten å videre forbedre din tro. Akkurat som når foreldrene er bekymret når deres barn ikke vokser godt og riktig, men er veldig fornøyde når barna deres vokser fint, Guds barn må også vokse besværlig i sin tro gjennom budskapet og bønner.

På den annen side og til den mest passende tid vil derfor Gud tillate deg motgang slik at Han kan lede deg til troens tredje nivå. Han velsignet deg ikke bare med veksten av din tro, men også med mange andre ting. Desto større vanskeligheter som du kan overvinne, desto større vil Guds velsignelser bli.

På den annen side, hvis du skal være på det tredje nivået av troen, men lever et liv som er forventet av noen på første nivå eller andre nivået av troen, vil Gud gi deg disiplinære prøver istedenfor en prøve med velsignelser.

La oss si at det er et barn som mangler balanserte næringsstoffer fordi han bare drikker melk uten å spise noen annen form for næringsrik mat. Hvis han insisterer på melk, kan han bli syk av underernæring eller til og med dø. I en slik situasjon, vil foreldrene naturligvis prøve deres beste med å mate deres barn med næringsrik mat.

Samtidig når Guds barn kjenner til Hans budskap, men går dødens vei uten å adlyde budskapet, Gud – som gjennom Hans Sønn Jesus Kristus gjerne vil vinne sanne barn – tillater dem prøver med et sønderknust hjerte ved anklagelse av Satan.

Gud behandler Hans barn på følgende måte: *"For den Herren elsker, den tukter Han, og Han hudstryker hver sønn som Han tar seg av. Det er for tukten skyld at dere tåler lidelser; Gud gjør med dere som med sønner. For hvem er den sønn som hans far ikke tukter?"* (Brevet til hebreerne 12:6-7)

Hvis et av Guds barn begikk synd, men Han disiplinerer ham ikke, viser det at den personen er langt vekk ifra Guds kjærlighet. Det vil bli tragedien av alle tragedier for ham å falle inn i helvete fordi Gud ikke lenger aksepterer ham som Sin sønn. Hvis Guds disiplinære prøver kommer til deg når du begår synder, må du huske at det viser Hans kjærlighet og du bør inderlig angre på dine synder. I motsetning, hvis Gud ikke disiplinerer deg, selv om du har begått synder, burde du uten å gi opp angre på dine synder og motta tilgivelse.

Du kan bli tilgitt dine synder når du ikke bare angrer på dem med dine lepper, men også snur deg vekk ifra syndenes vei. Sann angring med tårer er ikke gjort av din egen vilje, men ved Guds velsignelse. Du må derfor virkelig spørre Gud om at Han må velsigne angringen med gråt. Hvis du får Hans velsignelse, kan du angre med tårer og tuting, og den angringen som river i ditt hjerte vil komme ut.

Bare da vil veggen med synder mot Gud bli ødelagt og ditt hjerte bli forfrisket og lett. Du vil bli fylt med den Hellige Ånd og med overflodig glede og takknemlighet, og dette er beviset på at du har gjenopprettet Guds kjærlighet.

Hvis det er meningen at du skal være på troens tredje nivå, men oppfører deg og lever på en måte som er passende for de som er på troens andre nivå, er det litt vanskelig for deg å få troen fra himmelen for å løse dine problemer. Når du ikke får troen fra Gud, er det umulig for dine sykdommer å bli helbredet med din tro og du vil kanskje ende opp med å stole på verdslige metoder. Men hvis du angrer grundig på dine synder med tårer og snur deg vekk fra syndenes vei, vil du snart gjenopprette troens tredje nivå.

Hvis du har forstått dette prinsippet av troens vekst, burde du ikke være tilfreds med ditt nåværende nivå av troen. Akkurat som når et barn vokser seg inn til barneskolen, så ungdomsskolen, gymnasiet, og så videre, må du prøve ditt beste for å forbedre din tro til du rekker frem til de høyeste målet av din tro.

Hvis du er på troens andre nivå, vokser din tro snart med oppfyllelsen av den Hellige Ånd fordi din tro, selv om det er så lite som et sennepsfrø, har allerede blitt plantet og vil begynne å spire. Med andre ord, din tro vokser opp nok til å adlyde Guds ord idet du ruster deg med Hans ord ved å ivrig lytte til Budskapet, gå til hver og en gudstjeneste, og be uavbrutt.

Må du ikke bare beholde Guds ord som kun kunnskap, men også adlyde det til du begynner å blø og får større tro, i vår Herres navn jeg ber!

6. kapittel

Troen om å Leve Etter Guds Ord

1
Troens Tredje Nivå
2
Til Du Når Den Klippefaste Troen
3
Kjempe Mot Synden Helt Til Du Blør

∽

"Derfor, hver den som hører disse Mine ord
og gjør etter dem,
han blir lik en forstandig mann,
som bygget sit thus på fjell;
og skyldregnet falt, og flommen kom,
og vindene blåste og slo imot dette hus,
men det falt ikke;
for det var grunnlagt på fjell."
(Matteus 7:24-25)

∽

Forskjellige mennesker har forskjellige målinger av troen. Troen er en gave fra Gud som er gitt til deg hvis du oppnår sannhet i ditt hjerte. Når din tro som er kunnskap er forandret til en tro som har blitt gitt av Gud, kan du motta svar fra Ham.

Akkurat som jeg nevnte i tidligere kapitler, når du er på troens første nivå, for å få frelse må du motta den Hellige Ånd og ditt navn blir skrevet ned i Livets Bok i himmelen. Da begynner du å danne et forhold til Gud og kaller Ham, "Gud min Fader."

Deretter vil din tro vokse og du vil nyte å høre på Guds ord fylt med den Hellige Ånd, og prøve å adlyde det som du blir fortalt. Men du adlyder ikke alle Hans Ord. Du føler deg tynget mot Guds ord og mottar ikke alle svar. På dette stadiet, er du på troens andre nivå.

Hvordan kan du nå det følgende – tredje – nivået a troen hvor du kan leve etter Ordet? Hva slags kristelig liv vil du føre på troens tredje nivå?

1. Troens Tredje Nivå

Når en aksepterer herren og mottar den Hellige Ånd, er det plantet et frø av tro i hans hjerte som er så lite som et sennepsfrø. Hvis frøet av troen spirer, rekker det et nivå av troen hvor du prøver å adlyde ordet og så rekker det et høyere nivå hvor du adlyder det.

Først adlyder du ikke mye av ordet fordi om du hører på det, men ettersom din tro vokser, kan du forstå den bedre og dypere og adlyde den mere. På grunn av dette, "overholde troen" er også kalt "troen som gjør det mulig for en å forstå." Forståelse av ordet er forskjellig fra å oppbevare ordet som kunnskap. Det vil si, prøve å adlyde ordet med makt fordi du vet at Bibelen er Guds ord er ganske forskjellig fra å adlyde ordet villig og klart fordi du forstår hvorfor du skulle adlyde det.

Adlyde ordet gjennom forståelse

Her er et eksempel. Anta at du hører på en beskjed som var forkynnet slik: "Hvis du overholder Herrens dag hellig og gir hele tiendedels offeret, vil Gud drive ut alle slags problemer og prøver fra deg. Han vil helbrede deg av alle slags sykdommer. Han vil velsigne din sjel og gi deg økonomiske velsignelser."

Hvis du tenker at du kjenner til budskapet etter at du har hørt på beskjeden, men forstår den ikke i ditt hjerte, vil du ikke alltid adlyde ordet i ditt hverdagsliv. Du må prøve å adlyde ordet ved å tenke, 'Ja, det virker riktig,' og adlyde befalingen noen ganger, men noen ganger ikke adlyde den avhengig av din situasjon. Denne periode kan bli gjentatt til du har perfekt tro i Budskapet.

Men hvis du kommer til å forstå budskapet og tror på det i ditt hjerte, vil du holde Herrens Dag hellig, gi hele tiendedelen, og ikke kompromitere under noen som helst omstendigheter.

For eksempel, innbill deg at en leder for et firma fortalte sine ansatte, "Hvis noen av dere jobber natten over, vil jeg gi hver av dere overtidsbetaling og forfremme dere." Hvis valget av overtids arbeide er opp til hver ansatte, hva ville de ansatte gjøre hvis de stolte på lederens løfte?

De vil sikkert arbeide natten over med mindre de har andre grunner til ikke å gjøre det. Generelt tar det et par år å bli forfremmet i et firma og vil ta stor innsats for å bestå forfremmelses eksamenen. Ved å ta alle disse ting i betraktning, ingen arbeidere i det firmaet vil nøle med å arbeide overtid natten over, for en måned, eller lengre.

Det er også sant at Guds kommando vil holde Herrens dag hellig og gi tiendedelen. Hvis du helhjertet stoler på Guds løfte med å holde Guds Dag hellig og gi hele tiendedelen, hva ville du gjøre?

Din lydighet gir deg velsignelser

Når du holder Herrens Dag hellig, erkjenner du Guds høyeste makt. Du innser at Gud er Herren av det spirituelle rike. Det er derfor Gud beskytter deg fra alle slags katastrofer og ulykker i løpet av uken, og sender velsignelser for at din sjel holder seg godt hvis du holder Herrens Dag hellig. Du erkjenner også Guds suverenitet gjennom offeret av din tiendedel, fordi du medgir at alle tingene i himmelene og jorden tilhører Gud.

Siden Gud er Skaperen av alle ting, kommer selve livet ifra Gud, og din kraftanstrengelse om å prøver å gjøre ditt beste kommer også fra Ham. Med andre ord, alle ting tilhører Gud. På dette prinsippet, alle dine fortjenester tilhører Gud, men Han tillater deg å gi Ham bare en tiendedel av den og til å bruke resten på degselv.

Profeten Malakias 3:8-9 minner oss om at, *"Skal et menneske rane ifra Gud, siden dere raner ifra Meg? Og dere sier: 'Hva har vi ranet ifra deg?' Tienden og de hellige gaver. Forbannelsen har rammet dere, og fra meg raner dere, ja hele folket."* På den ene side er du under en forbannelse hvis du begår den seriøse synden ved å rane tiendedelen ifra Gud. På den annen side, hvis du gir Gud hele tiendedelen i lydigheten til Hans kommando, vil du alltid bli under Hans beskyttelse og motta velsignelser av en god måling, presset ned, ristet sammen og kjørt over (Lukas 6:38).

Riktig forståelse gir lydighet

Bare når du forstår den sanne meningen med ordet utenom å bare simpelthen oppbevare det som kunnskap, kan du adlyde det og motta Guds velsignelse som belønner deg ifølge hva du har gjort. Men hvis du ikke forstår den sanne meningen med budskapet, kan du ikke fult ut adlyde det selv om du prøver å gjøre det, fordi du har og forstår det bare som kunnskap i ditt hodet.

Derfor må du streve for å kunne vokse i din tro. Et spedbarn vil dø hvis det ikke får noe mat. Han må bli matet regelmessig, flytte hans hender eller føtter, se, høre, og lære fra hans foreldre og andre. I denne prosessen, spedbarnets kunnskap og visdom økes og han vokser opp og utvikler seg ordentlig og godt.

På samme måte, troende må ikke bare høre på Guds ord, men også prøve å forstå dens virkelige mening. Når du ber for å adlyde Guds ord, vil du kunne forstå dens mening og vinne styrken til å opppholde den.

For eksempel, Gud sier i Paulus' 1. brev til tessalonikerne 5:16-18: *"Vær alltid glade, be uavlatelig, takk for alt! For dette er Guds vilje i Kristus Jesus eder."* Mennesker på troens andre nivå vil, med en sans av pliktfølelse, sannsynligvis be, være takknemlig, og bli lykkelig fordi det er Guds befaling. Fremdeles takker de Ham ikke når de føler seg takknemlige, eller er ikke lykkelige når de kommer opp mot vanskelige situasjoner fordi de prøver å adlyde ordet bare ved en følelse av forpliktelse.

Mennesker på det tredje nivået, kan imidlertid adlyde budskapet på grunn av at de står på troens klippe. De forstår hvorfor de burde være takknemlige til alle tider, hvorfor de burde be uavbrutt, og alltid være lykkelige. De er derfor alltid lykkelige og takknemlige fra hele deres hjerte og ber uopphørlig under alle omstendigheter.

Så hvorfor befaler Gud at du må være lykkelig hele tiden? Hva er den egentlige meningen med denne befalingen? Hvis du er lykkelig bare når noe lykkelig og gledelig skjer med deg og er ikke lykkelig når du møter problemer eller bekymringer, er du ikke noe bedre enn de verdslige menneskene som ikke tror på Gud.

De menneskene er på jakt etter verdslige ting på grunn av at de ikke kjenner til hvor menneskene har kommet fra og hva fremtiden bringer. Derfor er de lykkelige bare når deres liv er fylt med gode og lykkelige begivenheter og grunner. Utenom det er de overveldet og begravd i bekymringer, engstelse, sorg, eller smerter som kommer utenfra verden.

Troende derimot kan leve veldig forskjellig fra slike mennesker fordi de har håp om himmelen. Oss som er troende trenger ikke å bekymre oss eller bli engstelige, fordi vår sanne

Fader er Gud som skapte himmelene og jorden og har styrt alle ting og menneskenes historie. Hvorfor skulle vi bekymre oss eller frykte? På toppen av det hele, siden vi vil nyte evig liv i himmelens rike gjennom Jesus Kristus, har vi ikke noe valg men å være lykkelige.

Tro for å Leve etter Budskapet

Hvis du forstår Guds ord av hele ditt hjerte, kan du være lykkelig til og med til tider hvor det er vanskelig for deg å være lykkelig, være takknemlig til alle tider, til og med når det er hardt for deg å være takknemlig, og be til tider hvor du har vanskeligheter med å be. Bare da vil din fiende djevelen forsvinne, problemer og vanskeligheter forsvinne, og alle slags problemer kan bli løst fordi den Allmektige Gud er med deg.

Hvis du hevder at du tror på Gud den Allmektige, men er fremdeles bekymret eller er motvillig lykkelig når du står opp mot et problem, er du på troens andre nivå.

Men derimot hvis du er forvandlet til å virkelig forstå Guds ord og være lykkelig og takknemlig fra ditt hjerte, er du på troens tredje nivå. Følgende ting finner sted når du er på det tredje nivået a troen: så mye som du prøver å tjene og elske andre, hat vil forsvinne og ditt hjerte vil, litt etter litt, bli fylt med spirituell kjærlighet til å elske dine fiender. Det er på grunn av at du nå forstår av hele ditt hjerte kjærligheten til Herren som ble hengt på det ruede korset for syndere.

Jesus var korsfestet, fornærmet, og mishandlet av onde syndere selv om Han bare gjorde gode gjerninger og var uskyldig. Han hatet ikke dem som korsfestet, fornærmet, eller gjorde narr av Ham, men ba til Gud om at de kan bli tilgitt. På slutten, demonstrerte Han sin store kjærlighet ved å gi Sitt eget liv til dem.

Du har kanskje hatet de som såret eller bakvasket deg uten noen som helst grunn før du forsto den store kjærligheten til din Herre Jesus. Du kan imidlertid hate deres synder, men ikke dem. Dessuten misunner du ikke de som arbeider hardere eller er mer berømt enn deg, men istedenfor gleder deg for dem, og elsker dem mere i Kristus. Du kan tvile på Guds ord eller dømme det ifølge dine egne tanker når du først hørte om det, men du har nå begynt å motta ordet med glede uten å tvile på det eller dømme det. På det tredje nivået av troen, adlyder du hver og en av Guds ord.

Guds belønninger krever at troen er forbundet med gjerningene

Før jeg møtte Gud, led jeg av alle slags sykdommer i syv år og fikk kallenavnet "Sykdommenes lagerhus." Jeg gjorde alt for å bli helbredet, men alt var forgjeves og mine sykdommer ble bare værre og værre for hver dag. De så ut til å være umulige å helbrede med medisinsk behandling og jeg kunne ikke lenger gjøre noe annet enn å vente på døden.

En dag var jeg øyeblikkelig helbredet av Guds makt og gjenvant min helse. Gjennom denne vidunderlige erfaringen, møtte jeg den levende Gud og siden da har jeg fullstendig stolt på Ham uten noe som helst tvil og vært helhjertet avhengig av Budskapet i Bibelen. Jeg adlød alle Guds ord betingelsesløst. Jeg var lykkelig hele tiden til tross for vanskeligheter, og jeg var takknemlig i alle vanskelige situasjoner fordi det var det Gud fortalte meg å gjøre i Bibelen.

Det var min største glede å delta i gudstjenester og be til Gud på søndager; Jeg ga til og med opp muligheten til å jobbe i en veldig bra jobb og begynte å arbeide på byggetomter fordi jeg var fast bestemt på å holde Herrens Dag hellig.

Likevel var jeg veldig lykkelig og takknemlig for at Gud var min Far. Han kom til meg når jeg bare ventet på å dø på grunn av forskjellige seriøse sykdommer, og jeg var veldig takknemlig for Hans ubeskrivelige nåde. Jeg fortsatte med å be og faste slik at jeg fullstendig kunne leve etter Guds ord. Så en dag hørte jeg Guds stemme kalle meg Hans tjener. Med et lydig hjerte bestemte jeg meg for å bli Hans gode tjener og idag tjener jeg Ham ved å være en prest.

Jeg takker Gud min Far av hele mitt hjerte når jeg kneler ned for å be til Ham, spaserer ned gaten, eller prater med noen. På samme måte er hele mitt hjerte alltid lykkelig. Bekymringer og problemer vil komme til alle og som overhodeprest for en kirke med 120,000 medlemmer, har jeg massevis av arbeide og ansvar. Jeg må lære og trene mange av Guds tjenere og prester for å kunne fullføre Guds oppgave og fullføre verdens misjonen ved å lede mange mennesker til Herren. Djevelen pønsker ut alle slags knep for å hindre fullførelsen av Guds planer, og bringer alle slags vanskeligheter og prøver. Det var mange ting som jeg kunne klage om, trygle om, og uroe meg over igjen og igjen, og jeg ville kanskje ha falt ned hvis de hadde overveldet meg eller blitt grepet av frykt.

Men fremdeles har jeg aldri blitt erobret eller slått av bekymringer og engstelse fordi jeg klart og tydelig forstår Guds vilje. Jeg takket Ham og ba samme hvor store mine prøver og problemer var, så Gud har alltid arbeidet for det gode i alle ting og bare velsignet meg mere.

2. Til Du Når Den Klippefaste Troen

Å se tingene uten tro gjennom frykten og engstelsen vil bare ødelegge din sjel og din helse. Hvis du forstår den spirituelle meningen med Guds ord, som forteller oss, *"Vær alltid lykkelig; be uten stop; vær takknemlig for alt; for dette er Guds vilje for deg i Jesus Kristus,"* du kan være takknemlig fra ditt hjerte i alle situasjoner (Paulus' 1. brev til tessalonikerne 5:16-18).

Dette er fordi du tror fullt og fast på at det er måten du kan tilfredstille Gud på, elske Ham, og motta svar fra Ham. I tillegg er det nøkkelen til å løse dine problemer, motta Hans velsignelser, og kaste vekk din fiende Satan og djevelen på. La oss si at det er en kvinne og hennes svigerdatter som ikke kommer helt overens med hverandre. De vet at de burde elske hverandre og ha fred mellom dem. Men hva vil skje hvis de klandrer eller bærer nag mot hverandre? Ingen problemer kan bli løst mellom de to.

På den ene siden, hvis svigermoren baktaler hennes svigerdatter til andre familie medlemmer og naboer, og svigerdatteren prater stygt om hennes svigermor foran andre, uoverenstemmelser og konflikter vil ikke slutte og det vil ikke bli noe fred hjemme.

På den annen side, hva vil skje hvis de angrer på deres egne ugjerninger, forstår hverandre ved å sette seg selv inn i den andres plass, tilgir, og elsker hverandre? Da vil det bli fred hjemme. Svigermoren vil prate godt om sin svigerdatter samme om hennes svigerdatter er sammen med henne eller ikke, og svigerdatteren vil samtidig rose og respektere hennes svigermor av hele hennes hjerte. Hvilket fredelig og elskelig forhold vil de ikke ha! Dette er på samme måte som en blir elsket av Gud også.

Begynnelsestadiet på det tredje nivået av troen

Grunnen til at noen mennesker ikke kan adlyde ordet selv om de kjenner sannheten er at de er i besittelse av mye løgn, som går mot Guds vilje, som er gjenstående i deres hjerter og hvor løgn slukker ønske til den Hellige Ånd. Når du derfor stiger inn til begynnerstadiet av troens tredje nivå, begynner du å kjempe mot synder helt til du blør (Hebreerne 12:4).

For å kunne kaste vekk dine synder, må du kjempe ved å be lidenskapelig og faste som Gud fortalte oss, *"Dette slag kan ikke drives ut uten ved bønn og faste"* (Markus' evangeliet 9:29). Bare da vil du motta nok styrke og nåde fra Gud for å kunne leve etter Guds ord. På samme måte hvis du er på det tredje trinnet av troen, vil du være ivrig etter å kaste bort hva Gud ber deg om å kaste bort, og gjøre hva Han forteller deg å gjøre ettersom hva Bibelen befaler.

Menes det at alle de som holder Herrens Dag hellig og gir tiendedels offeret har troen på tredje nivået? Nei, det er ikke tilfelle. Noen mennesker vil besøke gudstjenesten på søndagene og gi offeret på de ti prosentene med en falsk holdning – de vil kanskje gjøre det bare på grunn av at de er redde for å møte prøver og problemer som resultat ved å ikke holde disse kommandoene, eller på grunn av at de vil at prestene og Guds tjenere skal snakke godt om dem. Hvis du tilbeder Gud spirituelt og sannferdig, vil Hans ord smake søtere enn honning.

Men på den annen side når du besøker gudstjenesten motvillig, kan du ikke unngå å kjede deg ved budskapet og tenke for deg selv, 'Hvis bare denne gudstjenesten kan bli ferdig snart...' Dette skjer selv om din kropp er i Guds sanktuarium, ditt hjerte er et annet sted.

Hvis du kommer til gudstjenesten, men lar ditt hjerte fly mot verdenen, kan du ikke bli betraktet til å holde Herrens Dag hellig fordi Gud undersøker hjerte til menighetene. I dette tilfelle er du derfor fremdeles på troens andre nivå selv om du gir hele tiendedelen.

Målingen av troen vil bli forskjellig ifra person til person selv om de kanskje er på samme nivå av troen. Hvis den perfekte målingen av hvert nivå av troen er på 100%, vil din måling gradvis reise seg fra målingen av 1% til målingen av 10%, 20%, 50% og så videre, til du kommer til 100% på hvert nivå av troen. Hvis din tro øker til en måling av 100%, flytter den seg opp til et nytt nivå av troen.

For eksempel, anta at vi deler målingen av troens andre nivå fra 1% til 100%. Ettersom din tro kommer nærmere målingen på 100% av troens andre nivå, kan du nå troens tredje nivå. På samme måte, hvis din tro reiser seg til målingen av 100% på troens tredje trinn, er du nå kommet på det fjerde nivå av troen. Du burde derfor kunne undersøke på hvilket nivå av troen du befinner deg, og hvor mye av det nivået som du har fullført.

Den klippefaste troen

Hvis din tro reiser seg til mere enn 60% på troens tredje trinn, vises det at du har kommet på den klippefaste troen. I Matteus 7:24-25 forteller Jesus oss, *"Derfor, hver den som hører disse mine ord og gjør etter dem, han blir lik en forstandig mann, som har bygget sitt hus på fjell. Og skyllregnet falt, og flommen kom, og vindene blåste og slo imot dette hus, men det falt ikke; for det var grunnlagt på fjell."*

"Fjellet" her henviser til Jesus Kristus (Paulus' 1. brev til korintierne 10:4). "Den klippefaste troen" menes å stå fast på sannheten, Jesus Kristus. Derfor hvis du holder solid fast på troen etter at du har nådd mer enn 60% på troens tredje nivå, faller du ikke ned i noen som helst problemer eller prøvelser. Du adlyder Guds vilje helt til slutt fordi du vil bli stående fast på troen så fort du finner ut at det er den riktige veien eller Guds vilje.

Slik kan du alltid leve et seirende liv og gi ære til Gud uten å bli fristet av fienden Satan og djevel. Glede og takknemlighet vil også overflyte fra ditt hjerte uansett hva slags prøver og problemer, og du vil nyte fred og hvile ved å be uavbrutt.

Tenk om din sønn nesten blir drept i en trafikkulykke. Til tross for denne tilsynelatende tragedie, gråter du med takknemlighet av hele ditt hjerte og er lykkelig fordi du holder fast på din sanne tro. Selv om du blir lam på grunn av en ulykke, vil du ikke bære nag til Gud, ved å si, "Hvorfor beskyttet ikke Gud meg?" Istedenfor vil du takke Gud for at han beskyttet andre deler av din kropp.

Det simple faktum at våre synder er tilgitt og vi kan komme

til himmelen, er faktisk nok for oss for å takke Gud. Selv om du blir lam, kan det ikke forhindre deg i å komme til himmelen fordi når du setter foten inn i det himmelske riket, din lamme kropp vil forandre seg til en perfekt himmelsk kropp.

Med andre ord, det er ingen grunn til å klage eller føle seg ulykkelig. Selvfølgelig vil Gud alltid beskytte deg hvis du har slik en tro. Selv om Gud tillater deg å bli skadet i en trafikkulykke slik at du må motta velsignelser, kan du bli helt helbredet ifølge din tro.

Et triumferende liv med den klippefaste troen

Selv om mennesker i de tidligere stadiene av troens tredje nivå har ønske om å adlyde Ordet, noen ganger adlyder de ordet med glede og andre ganger adlyder de det uvillig. Det er fordi de siste type menneskene er ennå ikke fult ut renset, og har konflikter mellom sannhet og løgn i deres hjerter.

For eksempel, prøver du å tjene andre og ikke hate dem på grunn av at Gud lærer deg ikke å hate andre, men elske din fiende. Likevel, fordi om det ser ut som om du tjener andre, kan du fremdeles føle deg til byrde fordi du ikke elsker dem av hele ditt hjerte. Men hvis du holder fast på din tro, vil ikke din fiende Satan og djevelen lykkes i å friste eller plage deg på grunn av at du har sannhetens hjerte til å følge den Hellige Ånds ønske, og du har ingenting å frykte fordi du spaserer i midten av makten til Gud den Allmektige.

Akkurat som den unge David sa modig til kjempen Goliat med troen, *"Herren råder for krigen, og han skal gi dere i vår hånd"* (Første Samuels-bok 17:47), du vil også kunne lage slik en modig tillståelse av troen som Gud gir deg seier sammen med din tro. Ingenting kan hindre deg eller slite deg ned på grunn av at den allmektige Gud er din tjener.

Hvis du har felleskap med Gud og deler hans kjærlighet, kan du motta svar til dine problemer og bønner med en gang du spør Ham med tro. Likevel gjelder dette ikke mennesker som sjelden ber og ikke har noen felleskap med Gud. Når de møter problemer, er det vanskelig for dem å få svar fra Gud skjønt de påstår at, "Gud vil helt sikkert gi dem løsningen. Det er som om de venter på at et eple skal falle ned fra epletreet av seg selv. Det er derfor vi skal be iherdig."

Hvordan du kan nå den klippefaste troen

Det er ikke lett for en bokser å bli verdensmester. Føttene krever uavbrutte krefter, lang tålmodighet, og sterk selvbeherskelse. Først vil en trener miste øvelseskamper på en ensides måte fordi han mangler teknikken.

Men ettersom han trener seg selv uavbrutt og forbedrer sin teknikk, kan han slå motstanderen minst en gang selv om han hadde blitt slått to eller tre ganger før. Hvis han forbedrer sine teknikker og styrke ved å tålmodig sette igang flere krefter, vil han vinne flere kamper, og hans selvtillitt vil også stige.

Likeledes, en student som er god i engelske kan ikke vente til at engelsk klassen skal begynne, for han trives virkelig med den. På den annen side, studenter som er dårlige i engelsk vil ganske gjerne kjede seg og føle seg tilbyrde i engelsk klassen.

Det er det samme med den spirituelle krigen mot fienden djevelen. Hvis du er på troens andre nivå, den Hellige Ånds ønske inne i deg driver den voldsomste krigen mot de syndige ønskene på grunn av at de to ønskene har den samme størrelse på kreftene. Det er som en fyrstikk mellom de to menneskene med samme styrke og dyktighet. Hvis den ene slår den andre, den andre slår tilbake. Hvis han slår den andre fem ganger, den andre slår ham tilbake like mange ganger. Det er det samme med den spirituelle krigen mot fienden djevelen. Du vil enkelte ganger vinne over djevelen og enkelste ganger tape mot han.

Men, hvis du fortsetter å be og prøver å adlyde ordet uten å føle eller få skuffelse, vil Gud gi deg Hans nåde og styrke og den Hellige Ånd vil hjelpe deg. Som resultat vil ønske til den Hellige Ånd trives i ditt hjerte og din tro øke fortsettende til det tredje nivået av troen.

Så snart du kommer inn på troens tredje nivå, ønskene til den syndige natur blir borte og det blir enklere å leve i troen. Når du ber uopphørlig slik som ordet forteller deg å gjøre det, vil du nyte det og be til Gud. Hvis du først kunne be for maksimum 10 minutter, vil du kunne be for tyve minutter, så tredve minutter, og senere kan du letter be i minst to eller tre timer.

Det er ikke lett for troens nybegynnere å be i mere enn 10 minutter av gangen på grunn av at de ikke har nok emner eller ønsker å be for, så de føler seg litt brydde om bønner og misunner mennesker som kan be flytende uten noe som helste vanskeligheter. Hvis du fortsetter å be med tålmodighet av hele ditt hjerte, vil du bli gitt styrken fra himmelen til å be i flere timer per dag. Gud gir deg Hans nåde og styrke til å be når du gjør ditt beste for å be til Ham uten stans.

På denne måten vil din tro vokse når du fortsetter med å be dine bønner. Når du når et høyere nivå med tro innen det tredje nivået, vil du ha solid tro uten å snu til høyre eller venstre for noen som helste prøver eller problemer.

Å nå et skritt lenger enn til den faste troen

Hvis du står på den klippefaste troen, elsker Gud deg, løser han dine problemer, og gir deg svar til alt hva du spør om. Du kan også høre på stemmen til den Hellige Ånd, bli lykkelig og takknemlig under alle omstendigheter slik som Gud befaler, og bli oppmerksomme ved å be iherdig fordi du dveler ved ordet som er skrevet ned i Bibelens seksogtredve bøker.

Hvis du er en prest, en av menighetens eldste, en pastor, eller en leder i kirken, men kan ikke høre stemmen til den Hellige Ånd, må du vite at du ikke står på den klippefaste troen. Dette menes ikke nødvendig med at du kan høre stemmen til den Hellige Ånd bare når du står på den klippefaste troen.

Men til og med en nybegynner i troen kan høre Hans stemme når de adlyder Guds ord ettersom de lærer det. På grunn av deres lydighet til Budskapet, tar det ikke lang tid for troen til nybegynnerne å vokse fra det første nivået til målingen av den klippefaste troen.

Helt siden jeg aksepterte Herren, har jeg begynt å forstå Guds nåde i mitt hjerte og prøvd å adlyde ordet ettersom jeg lærte det. På grunn av disse innsatsene, kunne jeg høre stemmen til den Hellige Ånd og bli ledet av Ham på grunn av at jeg adlød ordet helhjertet med en form for besluttsomhet om at jeg ville gledelig til og med legge ned mitt liv for Herren hvis så nødvendig.

Det tok tre år for å kunne høre stemmen til den Hellige Ånd klart og tydelig. Du kan selvfølgelig høre Hans stemme innen et år eller to hvis du leser Guds ord iherdig, tenker på det, og adlyder det. Men, uansett om tidslengden som en troende, vil du ikke høre stemmen til den Hellige Ånd hvis du har levd i din egen verden uten å adlyde Guds Ord.

Det er noen troende som sier, "Jeg var før fyllt med den Hellige Ånd og hadde god tro. Jeg tjente kirken aktivt. Men min tro har begrenset seg siden jeg snublet spirituelt på grunn av et annet kirkemedlem." I et slikt tilfelle, kan ikke denne personen sies å ha hatt god tro før og flittig tjent kirken.

Videre, hvis slike mennesker virkelig hadde hatt god tro, må de ikke ha falt ned på grunn av et annet medlem i første omgang, og de ville ikke hatt forlatt deres tro. Det var god grunn for dem å handle på denne måten på grunn av at de bare hadde hatt kjødelg tro uten gjerninger selv om de hadde hatt kunnskap til Guds Ord.

Vi skulle ikke være dumme og gå vekk fra kirken etter noen konflikter med noen kirkemedlemmer. Hvor sørgelig vil det ikke bli hvis du bedrar Gud som frelset deg fra syndene og ga deg et sant liv, bare for å komme tilbake til verdenen som gir evig død, alt på grunn av at du kom i uoverenstemelse med en prest, en leder, en bror, eller en søster, i din kirke!

Du må tilstå at du er langt fra den klippefaste troen hvis du ber falskt bare ved å vise deg selv som en ivrig beder, eller føler sinne og fiendtlig mot de som sladrer om deg og skjeller deg ut. Hvis du står fast på troen, skulle du ikke bli fiendtlig mot dem, men be for dem med kjærlighet i tårene.

Gjennom hele min prestetjeneste siden 1982, har jeg erfart forferdelige uakseptable tider og begivenheter i kirken. Noen prester eller medlemmer var altfor onde til å bli tilgitt fra et menneskelig synspunkt, men jeg har aldri følt hat eller sinne mot dem. Ettersom jeg forventet at de skulle bli transformert, prøvde jeg å se deres gode og kjærlige sider istedenfor deres onde.

På denne måten kan du adlyde ordet fullt ut og nyte friheten om hva ordet om sannheten gir deg hvis du har den fulle målingen med troens tredje nivå og står fast på Guds Ord. Du vil da alltid bli lykkelig, alltid være takknemlig, og be uavbrutt. Du vil aldri miste sansen for takknemlighet eller føle deg ulykkelig. Videre vil du holde fast på troen til Jesus Kristus uten å snu deg hverken til høyre eller venstre.

3. Kjempe Mot Synden Helt Til Du Blør

I hjerte på de som er på troens andre nivå, går den Hellige Ånds ønsker og de syndiges ønsker i kamp mot hverandre. Men, de på troens tredje nivå driver ut ønskene til de syndige og fører triumferende liv i ordet på grunn av at de følger ønsket til den Hellige Ånd.

På troens tredje nivå, er det lett å føre et liv med Kristus fordi du har allerede kastet bort gjerningene til den syndige mens du var på troens andre nivå. Hvis du kommer inn på troens tredje nivå, vil du derimot begynne å kjempe mot de syndige ønskene, en blanding av syndenes natur og kjødelig kropp dypt i oss, til du begynner å blø.

Som resultat, når du oppnår den fulle målingen av det tredje nivået, vil du ikke lenger tenke ifølge de syndige tankene, men fult ut adlyde ordet og nyte friheten i sannheten fordi du har allerede blitt kvitt alle slags syndige egenskaper.

Viktigheten med å fjerne den syndige natur

Hvis du elsker Gud og adlyder Hans Ord, tar det ikke lang tid for å måle din tro fra det andre til det tredje nivået. På den annen side, hvis du går i kirken regelmessig, men du prøver ikke å adlyde Budskapet, kan du ikke reise målingen av din tro til et høyere nivå og du må derfor stå på det nuværende steget – troens andre nivå. Det er det samme med et frø som ikke blir sådd på lang tid. Hvis et frø ikke er sådd på lang tid, mister det sitt liv. Din ånd kan også bare vokse når du forstår Guds ord og adlyder det. Du burde gjøre ditt beste for å forstå ordet og adlyde det slik at din sjel vil komme godt overens.

Så snart et frø er sodd i jorden, er det lett for frøet å spire. På den ene side vil kanskje frøet dø hvis det kommer en regnstorm eller folk tramper på det, og på grunn av dette, skulle det unge frøet bli tatt vare på veldig forsiktig. På samme måte skulle mennesker på troens tredje nivå ta vare på de som er på det første eller andre nivået av troen, slik at de må vokse godt i troen.

På den annen side, hvis du vokser opp som et stort tre i troen ved å stige inn i troens tredje nivå, vil du derfor ikke falle ned hardt og stormfulle prøver eller katastrofer vil også prøve å rykke deg løs. Et stort tre er ikke lett å rykke løst fordi det er plantet dypt i jorden, selv om deres grener kan bendes eller brekkes. På samme måte, vil det synes som om du er ved å falle ned en stund mens du står opp mot prøver og problemer, men du kan gjenvinne din styrke og fortsette og vokse i troen på grunn av at din dype tro ikke er svekket under noen omstendigheter.

Uopphørlige innsatser mot den fulle måling av troen

Det tar lang tid for et ungt tre å vokse, blomstre, og produsere frukt eller vokse til et stort tre hvor fugler kan sitte. Samtidig er det ikke vanskelig å reise din tro fra det andre til det tredje nivået når du er fast bestemt på å gjøre det slik, men det tar mye lenger tid for din tro å vokse fra det tredje til det fjerde nivået. Det er på grunn av at du må høre på Guds ord og forstå det åndelig for å kunne adlyde ordet som er skrevet ned i Bibelens sekstiseks bøker, men det er ikke lett å forstå Gud faderens perfekte vilje på kort tid.

For eksampel, selv om en student får mere kunnskaper i barneskolen, kan han ikke komme inn på universitetet eller drive sitt eget firma rett etter han er ferdig med barneskolen.

Likevel er det noen smarte mennesker som kommer inn på universitetet ved å ta og bestå kvalifiserings prøvene veldig unge, mens andre kommer inn til universitetet etter at de har prøvd flere ganger.

Likeledes kan du nå troens fjerde nivå hurtig eller sakte ifølge dine anstrengelser. Den viktigste faktoren er selvfølgelig størrelsen på selve menneske. Et lite menneskes anstrengelse vil ikke vokse mye i hans tro for å komme til et høyere nivå selv om han forstår budskapet og håper om himmelen og troen. I motsetning, et stort menneske forstår hva some er riktig og bestemmer seg for å gjøre den rette tingen, og han fortsetter med å streve til han har nådd sitt mål.

Derfor må du forstå hvor kritisk det er å gjøre alle

anstrengelser og kjempe mot dine synder til du blør for å øke din tro fra det tredje til det fjerde nivået så tidlig som mulig.

Å fullføre din forpliktelse mens du kaster vekk dine synder

Du må ikke forsømme dine forpliktelser som du har fått av Gud mens du kjemper mot dine synder. Det var for eksempel en høyere diakonisse i min kirke som hadde vært hos meg siden begynnelsen av kirken. Hun og hennes mann, som begge led av seriøse sykdommer, kom til min kirke. De mottok mine bønner og ble helbredet.

Siden da har hun gjenvunnet sin gode helse og prøvd å vokse i sin tro, men hun fullførte ikke helt hennes forpliktelse som en overhode diakonisse. Hun prøvde ikke å kjempe mot syndene til hun blødde, og ondskap var fremdeles til stedet i hennes hjerte selv om hun fortsatte å møte opp i kirken og høre på Guds ord i 15 år. Hennes gjerninger og ord var også i samsvar med de på troens andre nivå.

Heldigvis var hun spirituelt vekket et par måneder før hennes død og prøvde å glede Gud ved å levere og spre kirkens nye bulletin. Ettersom hun mottok mine bønner tre ganger, var hun gitt troens tredje nivå på kort tid.

Du skulle derfor ikke bare kjempe mot dine egne synder til du blør for å kaste bort all slags ondskap, men også fullføre de forpliktelser som Gud har gitt til deg av hele sitt hjerte slik at du kan beholde en høyere måling av troen.

Det er veldig vanskelig å kaste bort dine synder på egen hånd, men det er veldig lett hvis du mottar Guds styrke fra himmelen.

Jeg håper at du kan bli en klok kristen i Guds øyne når du husker at Hans makt kommer til dem som ikke bare kaster bort all slags synd og ondskap ved å kjempe imot dem helt til du blør, men også utfører deres forpliktelser som Gud gir dem, ber jeg i vår Herres navn!

7. kapittel

Troen Om å Elske Herren Til Den Høyeste Grad

1
Troens Fjerde Nivå
2
Din Sjel Blomstrer
3
Elske Gud Uten Forbehold
4
Elske Gud Over Allt Annet

*"Han som har Mitt budskap og beholder dem
er den som elsker Meg;
og han som elsker Meg
vil bli elsket av min Far,
og jeg vil elske ham og vil åpenbare Megselv til ham."*
(Johannes' evangelium 14:21)

Akkurat som du må gå opp en trapp et steg av gangen, burde du øke nivået på din tro et steg av gangen til du når troens høyeste måling. For eksempel, Paulus' 1. brev til tessalonikerne 5:16-18 forteller oss, *"Vær alltid glade, be uavlatelig, takk for alt! For dette er Guds vilje i Kristus Jesus eder."* Utstrekningen av ens lydighet til denne befalingen er forskjellig ifølge målingen av hvert individs tro.

Hvis du er på troens andre nivå, er du mere motløs enn lykkelig og takknemlig når du møter prøver og problemer, fordi du ikke har fått nok styrke til å leve etter Guds ord ennå. Når du kommer inn til det tredje nivået og kaster bort alle dine synder ved å kjempe mot dem til du blør, er du istand til å bli lykkelig og takknemlig i prøver og problemer til en viss grad.

Selv om du er på troens tredje nivå og møter flere problemer, er du kanskje litt tvilende eller skeptisk, eller er nesten lykkelig og takknemlig mot din vilje fordi du ikke har helt forstått Guds hjerte.

Men hvis du står fast på troen som er dypere i den tredje målingen av troen, er du lykkelig og takknemlig fra ditt hjerte selv om du møter prøver og problemer. Også, hvis du når en høyere måling av troen – fjerde nivået – glede og takknemlighet vil alltid flyte over fra ditt hjerte. På troens fjerde nivå, er du derfor veldig langt fra å være lei deg eller bli bråsint i prøver og problemer, men istedenfor reflektere du deg selv på en beskjeden måte, og spør deg selv, 'Har jeg gjort noe galt?' Alle de som når troens fjerde nivå, hvor du kan elske Herren på den høyeste grad, vil derfor blomstre i hva de enn gjør.

1. Troens Fjerde Nivå

Når de troende sier, "Jeg elsker deg, min Herre," tilståelsen til de som er på troens andre eller tredje nivå er veldig forskjellig fra de på det fjerde nivået. Det er fordi hjerte til å elske Herren moderat er en ting, og det å elske Ham til det høyeste er noe helt annet. Akkurat som Salomos ordspråk 8:17 lover oss, *"Jeg elsker de som elsker meg; Og de som iherdig søker meg vil finne meg,"* de som elsker Herren på det høyeste kan motta hva de enn spør om.

Troen Om å Elske Herren I Den Høyest Grad

Troens forfedre som elsket Gud til det høyeste var fyllt med oversvømmende glede og oppriktig takknemlighet selv om de led uten å ha gjort noe galt. For eksempel, profeten Daniel takket Gud med troen og ba til Ham selv om han var like ved å bli kastet inn til løvenes hule på grunn av noen onde menneskers utpønskelser.

Men Gud var fremdeles tilfredstilt med hans tro, og sendte englene til å lukke munnene til løvene, og lot dem beskytte Daniel fra løvene. På grunn av dette ga Daniel stor ære til Gud (Profeten Daniel 6:10-27).

På et annet tidspunkt, tilsto Daniels tre venner deres tro på

Gud til Kong Nebuchadnezzar selv om de var ved å bli kastet inn i en forferdelig varm ovn som sto på på bakken, fordi de ikke knelet ned og forgudet symbolet av gull.

I Daniel 3:17-18, tilstår de, *"Vår Gud, som vi dyrker, er mektig til å frelse oss; av den brennende ildovn og av din hånd, konge, vil Han frelse. Men hvis ikke, da skal du vite, konge, at vi ikke vil dyrke dine guder eller tilbede det gullbilde du har stilt opp."*

De stolte fast på Gud fordi med Hans makt er alt mulig, og tilsto bestemt at de var villige til å gi deres liv for den Gud de tjente selv om Han ikke ville frelse dem fra ildovnen.

De var trofaste i deres plikter uten å ønske noe tilbake, og klaget ikke til Gud, selv om de møtte en livstruende prøve som krevde deres eget liv uten noen grunn. De kan fremdeles glede seg og være takknemlige for Guds nåde på grunn av at de alle var helt beviste på at de sikkert ville gå til himmelen i deres elskede Faders armer selv om de ble brent opp i ildovnen. Ifølge tilståelsen av deres tro, beskyttet Gud dem fra ildovnen, slik at ikke engang et hår på deres hode var brent. Ved dette utrolige synet, var kongen sterkt sjokkert, og ga stor ære til Gud og forfremmet Daniels tre venner til høyere stilling enn de før hadde hatt.

Vurder dette eksempelet: apostelen Paulus og Silas var brutalt pisket og kastet inn i et mørkt fengsel av onde mennesker når de reiste fra sted til sted for å preke om evangeliet. På natten, æret og takket de Gud når et uventet jordskjelv låste opp fengselsdørene (Apostelens gjerninger 16:19-26).

Innbill deg at du led av urettferdige grunner akkurat som

troens forfedre. Tror du at du ville kunne være glad og gi takk fra ditt hjerte? Hvis du ser at du blir ulykkelig, sint, eller bråsint, må du være klar over at du er langt fra troens faste klippe. Hvis du når forbi troens klippe, vil du alltid være lykkelig og takknemlig av hele ditt hjerte uansett hvilke problemer og prøver du møter, fordi du forstår Guds forsyn. Hvis du er under smerte fra urettferdig lidelser, må det være en grunn til lidelsen. Men fordi du kan sette fingeren på grunnen med den Hellige Ånds hjelp, kan du glede deg og bli takknemlig.

Hva med David, den mest betydningsfulle kongen i Israel? På grunn av hans sønn Absaloms opprør, ble Kong David tatt fra tronen og måtte flykte, og bodde uten mat og hjem. Utenom hans abdikasjon, var David stenet og forbannet av en fin ikke-adelig person som het Shimei. En av Davids tjenere spurte kongen om å ha Shimei drept, men David avslo hans ønske, ved å si, *"La ham bare banne! For Herren har befalt ham det"* (Annen Samuels bok 16:11).

David klaget heller aldri et eneste ord under hans prøver. Han holdt fast ved å elske og stole på Gud og forble fast i hans tro. I midten av slike prøver, kunne David skrive nydelige og fredelige ord av ære, som den vi fant i Salme 23.

På denne måten, trodde David alltid at Gud hjalp han med alt det gode, selv om han var i villrede med problemer og prøver, fordi han forsto Guds vilje til enhver tid og takket Gud og gråt av glede.

Etter at David besto sine prøver, ble han en konge som Gud bare var mer glad i. Dessuten kunne han gjøre Israel så mektig at nabolandene brakte hyllester til Israel. På denne måten, når Gud så Davids tro, arbeidet han for kongens gode og ga ham velsignelser.

Adlyd Herren med glede og med mest mulig kjærlighet

Tenk på en mann og en dame som snart skal gifte seg. De har så mye kjærlighet til hverandre at de føler at de kan gi deres liv opp, hvis nødvendig, for hans eller hennes kjærlighet. Hver av dem vil gi den andre hva enn han eller henne kan gi, og tilfredsstille hverandre til enhver tid på hans eller hennes bekostning.

De lengter etter å bli med hverandre så ofte, lenge, og så mye som mulig. De gir blaffen i det kalde været selv om de spaserer sammen på en nedsnødd vei eller i et forferdelig uvær. De føler seg ikke slitne eller trette selv om de er oppe hele natten og prater med hverandre på telefonen.

På samme måte, hvis du elsker Herren mer enn noe annet og på samme måte som dette parret som snart skal gifte seg elsker hverandre, og har et fast hjerte for Ham, vil du være på troens fjerde nivå. Så hvordan kan du vise din kjærlighet for Ham? Så hvordan måler Herren din kjærlighet til Ham?

Jesus forteller oss i Johannes' evangeliet 14:21, *"Den som har mine bud og holder dem, han er den som elsker Meg; men den som elsker Meg; skal elskes av min Fader, og jeg skal elske ham og åpenbare meg for ham."*

Du burde adlyde Guds befalinger hvis du elsker Ham; dette er beviset på din kjærlighet til Herren. Hvis du virkelig elsker Ham, vil Gud til gjengjeld elske deg og Herren vil bli med deg og vise deg beviset på at Han er med deg. På den annen side, hvis du ikke adlyder Hans befaling, er det vanskelig for deg å motta anerkjennelse, godkjenning, eller velsignelser fra Gud.

Elsker du virkelig Herren? Hvis du gjør, vil du sikkert adlyde

Hans befalinger og tilbe Ham i sjel og i sannhet. Du vil aldri bli trett eller søvnig mens du hører på beskjeden. Hvordan kan det sies at du elsker noen hvis du sovner når han eller henne prater til deg? Hvis du virkelig elsker din venn, å høre på hans eller hennes stemme alene vil bli et tema av stor glede.

Samtidig, hvis du virkelig elsker Gud, vil du bli fullstendig glad og lykkelig når du hører på Hans Ord. Hvis du føler deg søvnig eller kjedelig, er det klart at du ikke elsker Gud. I Johannes' 1. brev 5:3 minner de oss om at, *"For dette er kjærligheten til Gud at vi holder Hans bud; og Hans bud er ikke tunge."*

For de som elsker Gud, er det selvfølgelig ikke vanskelig å adlyde Guds befalinger. Du kan derfor helhjertet adlyde Hans befalinger hvis du beholder troen med å virkelig elske Gud. Du adlyder dem i troen med kjærlighet fra hele ditt hjerte istedenfor å adlyde dem uvillig eller med en følelse av byrde.

I tillegg, hvis du kommer inn på troens fjerde nivå, adlyder du gledelig alle Guds ord fordi du elsker Ham veldig høyt, akkurat som en partner vil gi alt hva den andre partneren spør om og gjøre hva enn den andre partneren gjør.

Den onde kan ikke ødelegge deg

De som elsker Herren høyest blir helt renset ved å adlyde Ordet fullstendig, akkurat som Paulus' 1. brev til tessalonikerne 5:21-22 forteller oss, *"Men prøv alt, hold fast på det gode, avhold dere fra allslags ondt."*

Hvordan belønner Gud deg når du ikke bare kaster bort alle slags synder ved å kjempe imot dem helt til du blør, men også blir kvitt all slags ondskap? Hvordan viser Han sitt bevis på Hans kjærlighet til deg? Gud gir mange løfter av velsignelser til de som utfører hellighet og renhet fordi Han belønner deg ettersom hva du sår og gjør.

Først, akkurat som Johannes' 1. brev 5:18 forteller oss, *"Vi vet at hver den som er født av Gud, synder ikke; men den som er født av Gud, tar seg i vare, og den onde rører ham ikke,"* du vil bli født av Gud. Du vil bli en mann av ånd når du ikke lenger begår synder fordi du kjemper etter å leve etter Guds ord og kaster vekk synder ved å kjempe mot dem helt til døden. Da kan den onde fienden djevelen ikke lenger skade deg fordi Gud beskytter deg.

Deretter lover Johannes 1. brev 3:21-22 at, *"I elskede! Dersom vårt hjerte ikke fordømmer oss, da har vi frimodighet for Gud, og det vi ber om, det får vi av ham; for vi holder hans bud og gjør det som er ham til behag."* Ditt hjerte dømmer ikke når du tilfredsstiller Gud ved å adlyde Hans befalinger, men også når du kaster bort all slags ondskap.

Du har tillit i Gud og får fra Ham hva du enn spør om akkurat som Gud lover deg. Han hverken lyver eller forandrer Hans mening; Han fullfører hva enn Han sier og lover (4. Mosebok 23:19). Han gir deg derfor allt hva du spør om hvis du elsker Ham høyest og du blir renset.

Selv når jeg bare var en nybegynner i troen, følte jeg meg litt skuffet når beskjedene eller gudstjenestene var korte, for jeg ville gjerne vite mer om Guds vilje og motta Hans nåde. Jeg kunne nå troens fulle måling på kort tid fordi jeg gjorde mitt beste til å leve etter ordet så snart jeg forsto det.

Som resultat ofrer jeg idag alle tingene til Gud, til og med mitt eget liv uten å spare det med hele min sjel og mitt hjerte og mitt sinn, og bare leve ifølge ordet for å elske Ham til det høyeste og for å tilfredsstille Ham. Selv om jeg gir Ham alt hva jeg har, ønsker jeg alltid at jeg kan gi Ham mere. Min kone og barn har også ofret seg selv til Herren med alle deres hjerter siden jeg lærte dem å leve slik. Hvis du føler det som en byrde å lede et kristelig liv, trenger du å bli tørst etter Guds ord, prøve å tilbe Ham i sjelen og i sannheten, og streve etter å kun leve ifølge Ordet.

2. Din Sjel Blomstrer

Mennesker på troens fjerde nivå lever alltid etter Ordet, akkurat som de tilstår med hele deres hjerter, fordi de hele tiden grubler på, "Hva skal jeg gjøre for å tilfredstille Gud?" og lydighetens gjerninger følger sikkert tilståelse av troen som kommer fra deres hjerter. Det er på grunn av at de elsker Gud mer enn noe annet.

Han lover slike mennesker i Johannes 3. brev 1:2: *"Du elskede! Jeg ønsker at du i alle deler må ha det godt og være ved god helse, likesom din sjel har det godt."* Hva menes det med at "din sjel klarer seg godt"? Hva slags velsignelser er gitt?

Din sjel Blomstrer

Når menneskene var først skapt, pustet Gud livets ånd inn i ham og han ble en levende sjel. Han inneholdt sjelen, hvor han kunne ha felleskap med Gud; sjelen kontrollert av ånden; og i kroppen hvor ånden og sjelen lever vil han kunne leve for evig som en levende ånd (1. Mosebok 2:7; Paulus 1. brev til tessalonikerne 5:23).

Derfor, den som har en sjel som kan klare seg godt kan styre over alle ting og leve evig akkurat som den første mannen Adam meddelte med Gud og fullstendig adlød Hans vilje.

Men den første mannen Adam adlød ikke Guds befaling og mistet alle velsignelsene Gud hadde gitt ham. Gud hadde befalt ham, *"Du må fritt ete av alle trær i haven; men treet til kunnskap om godt og ondt, det må du ikke ete av; for på den dag du eter av det, skal du visselig dø"* (1. Mosebok 2:16-17). Adam adlød ikke Guds befaling og spiste fra treet med kunnskap. På slutten, hans ånd – som var måten han kunne stå i forbindelse med Gud – døde og han ble drevet ut av Edens Have.

Her som vi sier at "hans ånd døde" menes ikke at Adams ånd døde, men at den hadde mistet dens originale kapasitet. Ånden burde spille rollen som en sjef, men sjelen tok plassen til ånden siden ånden døde. Den første mannen Adam, som en levende ånd, hadde stått i forbindelse med Gud som er Ånden.

Likevel døde Adams ånd på grunn av hans ulydighet og som et resultat kunne han ikke lenger stå i forbindelse med Gud. Han ble derfor en mann med sjel, som i tur og orden ble en sjef som hersket over ham i stedenfor hans ånd.

"Sjel" refererer til hukommelses systemet i hjernen og hvor hver slags hukommelse og tanke er oppbevart og reprodusert. En mann med sjel menes at han ikke lenger er avhengig av Gud, men stoler på den menneskelige kunnskap og teori. Gjennom konstant arbeide fra fienden Satan etter menneskenes tanker – sjel – urettferdighet og ondskap har kastet seg mot menneskene og all den ondskapen som menneskene har fått har verden blitt fylt med. Mennesker har blitt mere blottet med synder og mere korrupt etter hver generasjon.

Den første mannen Adam som var en mann av ånden og likeledes herre over alle ting nøt det evige livet på grunn av at hans ånd tjente som hans herre og kunne stå i forbindelse med Gud. Når mørket trengte seg inn i hans hjerte, som hadde vært fylt bare med sannhet, gjennom hans ulydighet kom hans hjerte gradvis under kontrol av fienden Satan, som er herren over mørkets makt.

Som resultat, etterkommere av den ulydige Adam har ikke blitt noe bedre enn dyr som inneholder sjel og kropp uten ånd. De har måttet leve i all slags usannhet som løgn, utroskap, hat, mord, misunnelse og sjalusi, alt som er mot Guds ord (Jesus Siraks bok 3:18).

Likevel, kjærlighetens Gud åpnet veien til frelse gjennom Hans Sønn Jesus Kristus, og ga den Hellige Ånd som gave til alle som aksepterte Jesus Kristus slik at hans døde ånd kunne oppstå fra de døde. Hvis noen mottar den Hellige Ånd som gave ved å akseptere Jesus Kristus, oppstår den døde ånden. Videre, hvis han tillater den Hellige Ånd å vekke opp ånden inne i ham, blir han gradvis en mann med ånd.

Slik en person kan nyte alle velsignelsene slik som den første mannen Adam gjorde det som en levende ånd fordi hans sjel klarer seg godt, som er det samme som å si at hans ånd blir lederen og hans sjel vil nå adlyde ånden. Dette er hvordan veksten av din tro og din sjel kommer overens.

Du er på troens første nivå når du aksepterer Jesus Kristus og mottar den Hellige Ånd. Du kan da stå på troens klippe og leve bare ved ordet gjennom den voldsomme krigen mellom din ånd fulgt av ønsket til den Hellige Ånd, og din sjel fulgt av ønske om den syndige natur. Hvis du når troens fjerde nivå, blir du hellig og ligner på Herren fordi din ånd blir din styrer.

Din ånd kontrollerer din sjel

Når din ånd leder din sjel og din sjel adlyder lederen til din ånd som en tjener, er det sagt at "din sjel klarer seg godt." Da vil du naturlig komme til å ligne hjerte og holdningen til Herren, som Paulus brev til filippenserne 2:5 forteller oss, *"La dette sinn være i dere, som og var i Kristus Jesus."*

Når din ånd leder din sjel, den Hellige Ånd leder ditt hjerte 100% fordi Guds sanne ord kontrollerer ditt hjerte og som resultat, vil du ikke lenger stole på dine egne tanker. Du kan med andre ord grundig adlyde Guds ord fordi du har ødelagt all slags kjødelige tanker og ditt hjerte vil istedenfor bli selve sannheten.

På denne måten, når du blir en mann med ånd og er ledet av den Hellige Ånd, kan du rømme alle slags problemer eller prøver og bli holdt utenfor fare i alle situasjoner. For eksempel, selv om en natur katastrofe eller uforventet ulykke finner sted, vil du allerede ha hørt den Hellige Ånds stemme vekke deg for å rømme fra stedet og bli holdt i sikkerhet.

Når din sjel klarer seg godt, vil du derfor overgi alle dine veier til Gud med et lydig hjerte. Han leder så ditt hjerte og tanker, leder alle dine veier, og velsigner deg med god helse.

På denne 5. Mosebok 28 bearbeider de følgende:

Og alle disse velsignelser skal komme over deg og nå deg, så sant du hører på Herrens, din Gud røst: Velsignet være du i byen, og velsignet være du på marken! Velsignet være ditt livs frukt og frukten av din jord og frukten av ditt fe, det som faller av ditt storfe, og det som fødes av ditt småfe! Velsignet være din kurv og ditt deigtrau! Velsignet være du i din inngang, og velsignet være du i din utgang (5. Mosebok 28: 2-6).

De som adlyder Guds ord på grunn av at deres sjel klarer seg godt vil derfor ikke bare motta evig liv i himmelen, men også nyte alle slags velsignelser i helse, materiale, og ettertiden til og med i denne verden.

Alt kan gå bra med deg

Josef, sønn av Jakob, var satt i en fortvilet situasjon: hans egen bror solgte ham når han var ung og han ble tatt ned til Egypt, og der var han fengslet i skam, uten noen som helst ugjerninger fra hans side.

I selv vanskelige situasjoner, mistet ikke Josef motet, men ga seg selv til ledelsen av den allmektige Gud. På grunn av hans mektige tro, selve Gud ledet alle tingene for Josef og laget istand til alt han trengte. Som følge gikk alle tingene godt med Josef og han fikk stor ære ved å bli hedret ved å bli statsminister for Egypt.

Selv om Josef hadde blitt tatt ned til Egypt i hans ungdom og gjort til slave av en egypter der, var han til slutt satt i ledelsen for Egypt og kunne frelse både hans familie og folkene i Egypt fra syv års tørken. I tillegg til dette, la han også grunnlag at israels folk kunne bo der.

Idag er det mere enn seks billioner mennesker på jorden. Blandt dem er det mere enn en billion som tror på Jesus Kristus.

Blandt befolkningens en billion kristelige, hvis de alle er Guds uskyldige og skinnende rene barn, hvor deilig ville det ikke vært for Ham! Han følger dem alltid og velsigner dem på alle deres måter. Når vanskeligheter venter på dem, vil Han tvinge frem deres hjerter for å rømme fra de vanskelighetene eller føre dem til bønner. Ved å føre dem til bønner, mottar Gud deres bønner og blir kvitt de vanskelighetene fordi Han er en rettferdig Gud.

Et par år tilbake, var jeg invitert til å prate ved en Evangelisk Konferanse i Los Angeles. Før min avreise, følte jeg en sterk trang fra Gud til å be for konferansen, så jeg konsentrerte meg om å be for konferansen på et bedehus på fjellet i to uker. Jeg visste ikke hvorfor Gud hadde gitt meg slik en sterk trang til å be for konferansen til jeg ankom Los Angeles.

Fienden Satan og djevelen hadde egget onde mennesker i å forhindre konferansen til å finne sted, og arrangementet var nesten ved å bli avlyst. Etter at de hadde mottat mine bønner og bønner fra mine kirke medlemmer, hadde Gud ødelagt deres slue planer på forhånd.

Innen jeg ankom Los Angeles, var derfor alle ting klare til konferansen, som jeg så kunne holde med stor suksess uten noen som helst vanskeligheter. I tillegg kunne jeg gi stor ære til Gud gjennom muligheten ved å avsi benediksjon til bystyret i Los Angeles, og motta en heders statsborgerskap som for første gang ble tildelt en Koreansk statsborger fra fylkesstyret i Los Angeles.

På denne måten, den som har en sjel som klarer seg godt overgir alt til Gud. Når du overgir alle ting i bønner uten å være avhengig av din tanke, vilje, eller plan, vil Gud kontrollere ditt sinn og lede deg slik at alle ting vil gå bra for deg.

Selv om du møter et problem, vil Gud på alle måter arbeide for ditt gode når du gir takknemlighet til Gud selv i en vanskelig situasjon fordi du tror fast på at Gud tillater det i Hans vilje. Noen ganger vil du kanskje møte problemer når du gjør noe ifølge din egen erfaring eller tanke uten å være avhengig av Gud, men til og med på den tiden, hjelper Gud deg med en gang når du innser dine feiltakelser og når du angrer.

Fult kontrollert av den Hellige Ånd

Hvis du står fast på troen, all form for tvil vil forlate deg og du vil tro fast på Guds livaktighet og Hans arbeide som Herrens oppstandelse og gjenkomst, skapning av noe ut av ingenting, og Hans svar på dine bønner.

Derfor i alle prøver og problemer, kan du bare være glad, be, og bli takknemlig overfor Gud fordi du vil aldri tvile mistroisk. Likevel kontrollerer den Hellige Ånd ikke ditt hjerte 100% fordi du ikke har nådd den fulle målingen av rensing. Noen ganger kan du ikke helt forstå om det du hører er stemmen til den Hellige Ånd, og blir forvirret på grunn av at du fremdeles har kjødelige tanker.

For eksempel, mens du ber om å kunne åpne et firma, finner du et firma og begynner å styre det, ved å tenke at det er Guds svar til dine bønner. Først virker firmaet vellykket, men senere blir det værre og værre. Da blir du klar over at du ikke hørte stemmen til den Hellige Ånd, men istedenfor stolte på din egen tanke.

De som holder fast på troen i de fleste situasjoner, er vellykket på grunn av at de forstår sannheten og lever ifølge ordet, men de er ikke ennå perfekte i deres tro siden de ikke har kommet inn til nivået hvor de kan helt og holdent overgi alt til Gud og stole fult og fast på Ham.

Hvordan er menneskene på det fjerde trinnet? Hvis du er på troens fjerde nivå, har ditt hjerte allerede blitt forandret til sannhet, ditt liv er ifølge Guds ord, og sannheten har blitt integrert i din kropp og ditt hjerte. Ditt hjerte har blitt forandret til ånden og så vil den Hellige Ånd ta hånd om din sjel. Det vil si at du nå ikke lenger lever ifølge dine egne tanker fordi den Hellige Ånd tar nå vare på ditt hjerte 100%. Da kan du blomstre i hva som helst, fordi Gud vil lede deg når du adlyder Ham ettersom du følger veiledningen til den Hellige Ånd.

Så snart du har bedt om å kunne oppnå noe, kan du bli ført til velstand og suksess uten feiltakelse ved å vente med utholdenhet til den Hellige Ånd leder deg 100%. Første Mosebok 12 minner oss om at Abaraham adlød Gud og dro fra sitt hjemland når han ble befalt om det, selv om han ikke visste hvor han skulle gå. Men på grunn av hans lydighet til Guds vilje, var han velsignet til å bli en forfader til troen og Guds venn.

Derfor har du ikke noe å bekymre deg for når Gud leder dine veier. Du kan nyte velsignelser på alle måter bare hvis du stoler og følger Ham fordi den allmektige Gud er med deg.

Perfekte lydighets gjerninger

Hvis du kommer inn på troens fjerde nivå, adlyder du gledelig alle Guds ord fordi du elsker Ham veldig høyt. Du adlyder Ham ikke uvillig eller med makt, men adlyder ham fritt

og gledelig fra hele ditt hjerte fordi du elsker Ham.
La oss bruke et eksempel for å bedre forstå dette. Hva hvis du skylder en stor gjeld. Hvis du unnlater å betale gjelden med en gang, skulle du bli straffet ifølge loven. Ennå værre, hva hvis en av dine familiemedlemmer trenger en operasjon med en gang. Du ville blitt motløs hvis du ikke hadde noen penger i slik en nødsituasjon.

Hvordan vil du så reagere hvis du ved et lykketreff finner en stor diamant på gaten? Din reaksjon vil variere ifølge målingen av din tro.

Hvis du er på troens første nivå hvor du knapt mottar frelse, vil du kanskje tenke, 'Med denne kan jeg betale all min gjeld og betale for de medisinske utgiftene.' Det er på grunn av at du ennå ikke kjenner Guds ord godt nok. Du vil se om det er noen rundt deg, og plukke den opp hvis det ikke er noen der.

Hvis du er på troens andre nivå hvor du prøver å leve etter Budskapet, vil du kanskje ha spirituell krig mellom ønsket til den syndige natur, som sier, "Det er Guds svar til mine bønner," og ønsket til den Hellige Ånd, som sier "Nei, dette er stjeling. Du må returnere det til eieren."

Første vil du kanskje nøle og lure på om du skulle ta den eller gi den til politiet, men på slutten, legger du den i din lomme på grunn av at tilstedeværelsen av ondskap i deg er sterkere enn tilstedeværelsen av godhet. Hvis du ikke hadde noen gjeld eller ikke befandt deg i en slik alvorlig situasjon, ville du ha nølt litt og så bragt det til politiet. Men ondskapen i deg kan før eller senere vinne over godheten fordi du finner deg selv i en veldig håpløs situasjon.

Når du deretter kommer på det tredje nivået eller står fast på din tro, fulgt av den Hellige Ånds ønske, vil du gi diamanten til politiet fordi du vil returnere den til eieren. Til tross for dette vil du kanskje ikke finne helligheten i ditt hjerte, ved å tenke, "Jeg kunne ha nedbetalt all min gjeld og betalt for operasjonen!" Derfor er din gjerning ennå ikke perfekt fordi løgnens ønske er fremdeles inne i deg på denne måten.

Hvordan ville du handle i slik en vanskelig situasjon hvis du befinner deg på troens fjerde nivå? Du tenker aldri på ditt eget ønske selv ved synet av slik en kostbar edelsten, fordi du ikke har noen usannhet i ditt hjerte og den slags ondskap streifer aldri ditt sinn.

Istedenfor er du lei deg på eierens veie og tenker, "Hvor ulykkelig må han ikke være! Jeg vedder på at han har sett etter denne overalt. Jeg tar den til politiet med en gang!" Du ville gjøre som du tenker og gi den til politiet.

På denne måten, hvis du elsker Herren fullstendig og er på troens fjerde nivå, vil du alltid adlyde Guds lov samme om noen ser dere, fordi ditt liv følger loven. I dette tilfelle er det unødvendig for deg å prøve å høre forskjell på stemmen til den Hellige Ånd og ditt eget syndige sinn.

Før du kommer på troens klippe, vil du mange ganger finne deg selv i vanskeligheter, fordi det ikke er vanskelig for deg å se forskjell på dine egne tanker og stemmen til den Hellige Ånd. Selv om du holder fast på troen, vil du ikke nødvendigvis kunne se helt forskjell på den tidligere og den senere.

Men så fort du har nådd troens fjerde nivå, har du ingen grunn til å føle deg til byrde og du kan bare følge stemmen til den Hellige Ånd på grunn av at Han leder og kontrollerer ditt hjerte og sinn 100%.

Videre, når du har kommet på troens fjerde nivå, stoler du ikke på menneskenes tanker, kunnskap, eller erfaring, men Herren vil lede deg på alle måter. Som følge kan du nyte velsignelsene til "Jehovahjireh" (Herren Vil Bestemme) og alle ting vil gå bra med deg.

3. Elske Gud Uten Forbehold

Hvis du befinner deg på troens fjerde nivå, er din kjærlighet til Gud betingelsesløs. Du forkynner evangeliet eller trofast gjør Guds arbeide på grunn av, uten å forvente å motta velsignelser eller svar fra Gud, lot du simpelthen som om det var din plikt å gjøre det. Det er det samme når du tjener dine naboer med ofrende kjærlighet. Du gjør det uten å forvente noen som helst betaling fra dem fordi du elsker din sjel veldig mye.

Spør foreldre deres barn om noen form for tilbakebetaling av deres kjærlighet? Det gjør de aldri; kjærlighet er gitt. Foreldre er simpelthen takknemlige og glade fordi de har barn som de elsker. Hvis det er noen foreldre som vil at deres barn skal adlyde dem hele tiden eller oppdrar dem bare for å ha noen å skryte av, forventer de tilbakebetaling av deres kjærlighet.

Samtidig, forventer barn ikke noe tilbake fra deres foreldre hvis de elsker deres foreldre med et godt hjerte. Når de holder deres plikter og prøver på beste måte å gjøre deres foreldre tilfreds, blir foreldrene tvunget til å spekulere om, 'Hva skal jeg gi dem?'

Akkurat som hvis du når troens måleenhet hvor du elsker

Herren på det høyeste, den eneste grunnen til at du mottar frelsens velsignelse er nok til å føre deg til å takke Gud, og du føler at du på ingen måte kan tilbakebetale Hans velsignelse og du kan ikke hjelpe for å elske sannheten og Gud betingelsesløst.

Derfor hvis du har troen til å elske Gud uten noen betingelse, kan du be, arbeide, og tjene hver dag og natt for Guds rike og Hans rettferdighet, og ikke forvente noen tilbakebetaling for det.

Elske Gud med et konstant hjerte

I Apostelens gjerninger 16:19-26 er det Paulus og Silas som, selv om de hadde vært gode ved å preke evangeliet til hedningene og drive ut djevelene deres, ble de tatt og dratt til markedsplassen av onde mennesker. Der ble de avkledd, brutalt pisket, og kastet inn i fengsel. De ble puttet inn i en celle innerst inne med deres føtter sittende fast i gapestokkene. Hvis du hadde vært i deres sko, hva ville du ha gjort?

Hvis du befinner deg på troens første eller andre nivå, vil du kanskje klage deg eller jamre, "Gud, lever du virkelig? Vi har jobbet for deg trofast helt til nå. Men hvorfor tillater du oss å bli fengslet?"

På troens tredje nivå, vil du kanskje aldri uttale deg slik, men vil kanskje be i et lite deprimert tonefall: "Gud, Du så oss ydmyket slik mens vi spredde evangeliet for deg. Alt dette er så smertefult. Vær så snill og helbred oss og sett oss fri!"

Men Paulus og Silas takket Gud og sang lovprisning til Ham selv om de var i en håpløs og forferdelig situasjon, og selv om de ikke hadde noen ide om hva som ville skje med dem. Plutselig, med et veldig kraftig jordskjelv ble grunnmuren til fengselet ristet.

Med det samme fløy alle fengselsdørene opp og alles kjettinger ble løsnet. Utenom dette underet, aksepterte fangevokteren og hans familie Jesus Kristus evangeliet og mottok frelse.

Mennesker på troens fjerde nivå kan derfor gi ære til Gud med det samme fordi de har sterk nok tro som de kan be med og prise Gud gledelig i alle prøver og problemer.

Å gledelig adlyde alt

I første Mosebok 22, befaler Gud Abraham til å ofre hans eneste sønn Isak, sønnen til Guds løfte, som et brenningsoffer for Ham. Et brent offer refererer til offeret som blir gitt til Gud ved å skjære et dyr i biter, legge det arrangert på tre på alteret og brenne dem.

Det tok tre dager for Abraham til å ankomme området Moriah, hvor han måtte ofre sin sønn Isak som et brenneoffer i adlyding av Guds befaling. Hva tror du han hadde i tankene under den tre dagers reisen?

Noen mennesker sier at Abraham dro dit med konflikt i tankene: 'Skal jeg adlyde Ham eller ikke?' Men, det var ikke tilfelle. Du må vite at mennesker på troens tredje nivå prøver å elske Gud fordi de vet at de bør elske Gud.

Men, mennesker i troens fjerde nivå simpelthen elsker Ham, uten å måtte prøve å elske Ham. Gud visste på forhånd at Abraham gledelig ville adlyde Ham og prøvde derfor Hans tro. Men likevel tillater Han ikke slike vanskelige prøver til mennesker som ikke kan adlyde Ham.

Det er derfor Hebreerne 11:19 kommenterer at, *"For han tenkte at Gud er mektig endog til å oppvekke fra de døde, og derfor fikk han ham og likesom tilbake."* Abraham kunne gledelig adlyde Hans befaling fordi han visste at Gud kunne bringe hans sønn tilbake fra de døde. På slutten besto Abraham troens prøve og mottok enorm velsignelse. Han ble troens forfader, velsignelse til alle nasjonene, og han ble også kalt Guds "venn."

Hvis du er en person som adlyder Gud gledelig, er du alltid takknemlig og glad i alle slags prøver og problemer. Du kan ikke takke Gud av hele ditt hjerte og be på grunn av at du vet at Gud i alle ting arbeider for det gode i deg og gir deg velsignelser gjennom disse prøvene og forfølgelse.

Gud er fornøyd med troen og gir deg hva du enn spør om. Det er derfor Jesus forteller oss i Matteus 8:13, *"Ged skje som du har trodd,"* og i Matteus 21:22, *"og alt det dere ber om med tro i deres bønn, det skal dere få."*

Hvis du fremdeles har et ubesvart ønske fra en bønn, beviser det at du ikke stolte helt på Ham, men nølte. Derfor burde du nå stadiet til å elske Gud uten forbehold ved å gledelig adlyde Ham av hele ditt hjerte under alle omstendigheter.

Omfavne alt med kjærlighet og barmhjertighet

Hva ville du gjøre hvis noen klandrer og anklager deg uten noen som helst grunn? Hvis du står på troens andre nivå, vil du ikke kunne klare det og ville klage og krangel om saken. Dessuten, hvis du har mer ondskap i ditt sinn, blir du illsint og du vil kanskje slenge fornærmelser til ham. Men, det er ikke riktig for de som tror på Gud å vise noen som helst slags sinne, bråsinhet, eller uforskammet språk, som det sies i Peters' 1. brev 1:16, *"Du skal være hellig, for jeg er hellig."*

Hvis du er på troens tredje nivå, hvordan vil du reagere? Du føler smerte og uro fordi Satan arbeider uavbrutt i dine tanker. Dette er på grunn av at, selv om du tenker i ditt sinn at du burde være glad, har du lite takknemlighet og glede kommende fra ditt hjerte.

Hvis du er på troens fjerde nivå, er ditt sinn ikke forstyrret og du føler deg ikke irritert selv om andre vil hate deg eller plage deg uten grunn, fordi du allerede har kastet vekk all slags ondskap.

Jesus følte seg ikke bekymret eller smertefull selv da Han møtte forfølgelse, fare, skam og foraktfull behandling fra mennesker mens Han prekte om evangeliet. Han sa aldri noe som, "Jeg gjorde bare gode ting, men onde mennesker forfulgte meg og prøvde til og med å drepe meg. Jeg lider veldig" Han bare ga dem noen livsgivende ord istedenfor.

Hvis din tro er på fjerde nivå, har du fått hjerte i likhet med Herren. Nå sørger du for de som forfølger deg og ber for dem istedenfor å hate eller føle deg fiendtlig mot dem. Du tilgir dem og forstår dem, omfavner dem med kjærlighet og barmhjertighet.

Derfor håper jeg at du forstår at i de samme situasjonene hvor mennesker som blir illsinte eller hater andre vil føle smerte og depresjoner mens de som tilgir og omfavner andre med kjærlighet og barmhjertighet ikke føler noen som helst dyp smerte, og overvinner ondskap med godhet.

4. Elske Gud Over Allt Annet

Hvis du når nivået hvor du elsker Herren mer enn noe annet, adlyder du befalingen fullstendig og din sjel vil klare seg fint. Det er naturlig for deg å elske Gud over alt. Det er derfor Paulus tilsto i Filippenserne 3:7-9 at han antok allt han hadde som et tap og mistet derfor alt fordi han så på det som "skrot":

Men det som var meg en vinning, det har jeg for Kristi skyld aktet for tap. Mer enn det akter jeg i sannhet alt for tap, fordi kunnskapen om Kristus Jesus, min Herre, er så meget mere verd, han for hvis skyld jeg har lidt tap på alt, og jeg akter det for skarn, forat jeg kan vinne Kristus og finnes i Ham, ikke med min rettferdighet, den som er av loven, men med den som fåes ved troen på Kristus, rettferdigheten av Gud på grunn av troen.

Når du elsker Gud mer enn noe annet

Jesus lærer oss i de Fire Evangeliene hva slags velsignelser som er gitt til de som kaster bort alt hva de har og elsker Gud mer enn noe annet slik som apostelen Paulus gjorde det. Han lover oss i Markus 10:29-39 at Han vil gi dem hundre ganger så mye velsignelse i denne verden og evig liv i det kommende liv.

Sannelig sier jeg dere: Det er ingen som har forlatt hus eller brødre eller søstre eller mor eller far eller barn eller åkrer for min skyld og for evangeliets skyld, uten at han skal få hundrefold igjen, nå her i tiden hus og brødre og søstre og mødre og barn og åkrer under forfølgelser, og i den kommende verden evig liv.

Frasen "å ha forlatt ditt hjem eller brødre eller søstre eller mor eller far eller barn eller åkrer for Herren og evangeliet" menes spirituelt at du ikke lenger trenger slike verdslige ting, og bryter derfor kjødelige forhold, og over alt annet elsker Gud som er selve Ånden.

Selvfølgelig menes det ikke nødvendigvis at du ikke elsker andre mennesker på jorden, men at du elsker Gud først og fremst. På dette forteller Johannes' 1. brev 4:20-21 oss, hvis noen sier, *"Jeg elsker Gud, og hater hans bror, er han en løgner; for den som ikke elsker sin bror som han har sett, kan ikke elske Gud som han ikke har sett. Og dette bud har vi fra ham at den som elsker Gud, skal også elske sin bror."*

Mennesker sier at foreldrene føder deres barns kropper. Menneskene er skapt i livmoren med en kombinasjon av farens sædvæske og et egg fra moren. Men sædvæsken og egget til foreldrene er imidlertidig laget av Gud Skaperen, ikke av selve foreldrene.

Videre, den synlige kropp blir igjen til en neve med støv etter døden. Kroppen er faktisk bare et hus hvor ånden og sjelen oppholder seg. Menneskenes virkelige leder er ånden og det er selve Gud som kontrollerer ånden. Derfor bør vi elske Gud mer enn noe annet hvis vi forstår at bare Gud kan gi oss et virkelig liv, evig liv og himmelen.

Jeg vandret før foran dødens port fordi jeg hadde lidd av alle slags uhelbredelige sykdommer i syv år. Utrolig var jeg fullstendig helbredet når jeg møtte den levende Gud. Fra og med da, har jeg elsket Ham mer enn noe annet og Han har gitt tilbake så mye velsignelse.

Fremfor alt var jeg tilgitt alle min synder og mottok frelse og evig liv. I tillegg gikk alt godt med meg og jeg nøt god helse ettersom min sjel klarte seg bra. Senere ba Gud meg om å bli Hans tjener for å fullføre verdens misjonen og ga meg makt. Han har røpet ting for meg som ennå ikke har skjedd. Han har også sendt meg mange gode prester og trofaste kirkemedlemmer og tillatt min kirke å vokse eksponentielt i størrelse, slik at jeg kan utføre Guds forsyn.

I mellomtiden, har han velsignet meg til å bli elsket av både kirkemedlemmer og ikke-troende samtidig. Han har ledet min familie til å elske Ham mer enn noe annet eller noen annen, og har så fullstendig beskyttet dem fra alle slags sykdommer og ulykker siden de aksepterte Herren; ingen av dem har hverken tatt noe medisin eller blitt lagt inn på sykehus. På denne måten har Han velsignet meg så mye at jeg mangle ingenting.

Oppfyllende spirituell kjærlighet

Hvis du elsker Gud mer enn noe annet, lever du i overflod fordi Han leder deg i alle omstendigheter, og virkelig glede ovenfra kommer til ditt hjerte fyllbyrdes.

Som resultat deler du den overflodige kjærligheten med andre på grunn av at du får spirituell kjærlighet. Du kan elske alle mennesker med evig uforandret kjærlighet fordi det ikke er noe ondskap i ditt sinn i det hele tatt.

Spirituell kjærlighet er forklart i detaljer i Paulus' 1. brev til korintierne 13:4-7:

Kjærligheten er langmodig, er velvillig;

kjærligheten bærer ikke avind, kjærligheten brammer ikke, oppblåses ikke, den gjør intet usømmelig, søker ikke sitt eget, blir ikke bitter, gjemmer ikke på det onde; den gleder seg ikke over urettferdighet, men gleder seg ved sannhet; den utholder alt, tror alt, håper alt, tåler alt.

Idag er det konflikter, uenigheter, og uoverenstemmelser i denne verdenen og krangling mellom mann og kone eller mellom familie medlemmer i mange hjem, fordi det ikke finnes noen spirituell kjærlighet i dem. Det er alltid konfrontasjoner og de kan ikke lage og vedlikeholde et godt og fredfylt hjem fordi alle påstår at bare han eller henne har rett og vil bare bli elsket.

Men når mennesker begynner å elske Gud over alt annet, oppnår de spirituell kjærlighet ved å kaste bort kjødelig kjærlighet. Kjødelig kjærlighet forandrer seg og er egoistisk mens spirituell kjærlighet putter andre først i et beskjedent sinn og søker andres fordel før ens egen. Hvis du har denne spirituelle kjærligheten, vil ditt hjem sikkert bli fylt med lykke og harmoni.

Som det ofte er tilfelle, blir du forfulgt av din familie eller venner som ikke tror på Gud når du begynner å elske Gud (Markus 10:29-30). Men det varer ikke lenge. Hvis din sjel klarer seg fint og du når troens fjerde nivå, blir forfølgelsen transformert til velsignelse og forfølgeren vil begynne å elske og godkjenne deg.

Paulus' 2. brev til korintierne 11:23-28 beskriver hvor voldsomt apostelen Paulus ble forfulgt mens han pratet om evangeliet for Herren. Han arbeidet hardere for Herren enn noen, var satt i fengsel oftere, pisket mere brutalt, og var utsatt for døden igjen og igjen. Men fremdeles takket Paulus og var glad istedenfor å føle smerte.

Derfor, hvis du når troens fjerde nivå hvor du elsker Gud mere enn noe annet, selv om du skulle spasere gjennom dødens dal, stedet som kunne være himmelen og forfølgelsen vil ganske snart bli forandret til velsignelser på grunn av at Gud er med deg. I Matteus 5:11-12 forteller Jesus oss, *"Salige er de når de spotter og forfølger dere og lyver dere allehånde ondt på for min skyld. Gled og fryd dere! For deres lønn er stor i himmelen; for således forfulgte de profetene før dere.."*

Derfor må du forstå at selv om du støter på prøver og problemer på grunn av Herren, når du jubler og er glad, mottar du ikke bare Guds kjærlighet, anerkjennelse, og belønning i himmelen men mottar også hundre ganger så mye akkurat nå.

Frukten til den Hellige Ånd og Salighetene

Når du når troens fjerde nivå, vil du bære den Hellige Ånds ni frukter rikelig og saligprisningene vil begynne å komme over deg. Paulus' brev til galaterne 5:22-23 forteller oss om den Hellige Ånds ni frukter: *"Men åndens frukt er kjærlighet, glede, fred, langmodighet, mildhet, godhet, trofasthet, saktmodighet, avholdenhet; mot slike er loven ikke."*

Frukten til den Hellige Ånd er Jesus Kristus kjærlighet som gir vann til fienden når han er tørst og mater ham når han er sulten. Når du bærer gledens frukt, får du sann fred og glede fordi du søker og lager bare godhet og skjønnhet. Du har også fred med alle mennesker i hellighet når du bærer fredens frukt.

I tillegg, ber du hele tiden med takknemlighet og glede og

med tålmodighetens frukt selv om du møter med lidelser og prøver. Med mildhetens frukt, tilgir du utilgivelige ting og mennesker, forstå ting som du ikke kan forstå, og tar vare på andre slik at de kan bli mere fruktbare enn deg. Med godhetens frukt, kaster du bort all slags ondskap, søker etter den nydelige godheten, og hverken forsømmer eller sårer andre menneskers følelser.

Med trofasthetens frukt, adlyder du helhjertet Guds ord og er trofast til Herren ved å gi ditt eget liv fordi du lengter etter livets krone. Med saktmodighetens frukt som er like myk som bomull, kan du snu ditt venstre kinn når noen slår deg på høyre kinnet, og omfavne alle og enhver med kjærlighet og barmhjertighet.

Til slutt, med avholdenhets frukten, følger du Guds ordre uten stahet eller partiskhet, og fullfører Guds vilje på en nydelig og harmonisk måte.

I tillegg vil du se og få saligprisningene som er beskrevet i Matteus 5, som er uforgjengelige, uforandelige, og evige.

Når du bærer rikelig av den Hellige Ånds frukt og du begynner å få saligprisningene på denne måten, er du kommet veldig nærme troens femte nivå, hvor du vil bli ledet inn i overfloden og vil ganske raskt få ting som du bare har hatt i tankene.

For å kunne nå til fjellets høydepunkt, må du klatre opp et steg av gangen. På toppen, vil du føle deg ganske frisk og glad selv om reisen har vært veldig slitsom. Bønder arbeider hardt med håp om en overflodig innhøsting fordi de tror at de kan høste alt hva de har jobbet for. På samme måte kan vi høste velsignelser som Gud lover oss i Bibelen når vi bor i sannheten.

Må du ha troen til å elske Gud over alt annet ved å kaste bort dine synder ved å flittig kjempe mot dem og leve med Guds vilje, i vår Herres navn jeg ber!

8. kapittel

Troen Til å Tilfredsstille Gud

1
Troens Femte Nivå
2
Troen Til å Ofre Ens Eget Liv
3
Troen Til å Åpenbare Under og Tegn
4
Å Være Troverdig I Alle Guds Hus

*"I elskede! Dersom vårt hjerte ikke fordømmer oss,
da har vi frimodighet for Gud,
og det vi ber om, det får vi av Ham;
for vi holder Hans bud
og gjør det som er Ham til behag."*
(Johannes' 1. brev 3:21-22)

Foreldre er fylt med glede og stolthet for deres barn når de adlyder, respekterer, og elsker dem av hele deres hjerter. Foreldre gir ikke bare disse barna hva de spør om, men prøver også å gi dem til og med hva de innerst inne ønsker uten å spørre, men ved å undersøke hva de trenger. Likeledes, når du adlyder og tilfredstiller Gud, vil du motta fra Ham ikke bare hva du spør om, men også hva ditt hjerte ønsker, fordi Gud er veldig fornøyd med din tro og Han elsker deg. Ingenting er egentlig umulig når du har slikt et forhold til Ham.

Nå, la oss se litt på troen som tilfredstiller Gud og på hvilke måter vi kan beholde den.

1. Troens Femte Nivå

Troen til å tilfredstille Gud er høyere enn troen om å elske Gud over alt annet. Hva er så troen om å tilfredstille Ham? Rundt oss ser vi barn som virkelig elsker deres foreldre, adlyder deres foreldres' vilje og forstår deres foreldres' hjerte i alt. Videre, bare når du kan forstå betydningen av kjærligheten om at du kan glede dine foreldre, kan du også forstå troen som gleder Gud.

Hva slags kjærlighet gleder Gud?

I koreanske sagaer er det pliktoppfyllende sønner, døtre, eller svigerdøtre hvis kjærlighets gjerninger gledet deres foreldre som til og med rørte himmelen. For eksempel, det var en historie om en sønn som tok vare på sin eldre mor som var sengeliggende. Forgjeves gjorde han alt for at hans mor skulle bli frisk. En dag hørte han at hans syke mor kunne bli helbredet hvis hun drakk blod fra hans finger. Sønnen skar villig hans finger og lot henne drikke hans blod. Da ble hans mor snart bedre. Selvfølgelig er det ikke noe medisinsk bevis at mannens blod kan forbedre en syk person. Men, hans ofrende kjærlighet og oppriktighet rørte ved Gud og Han ga ham nåde, akkurat som et koreansk ordspråk forteller oss, "Oppriktighet rører ved himmelen."

Det er også en annen hjerteskjærende historie om en sønn som tar vare på hans syke foreldre. Han dro til bunnen av et fjell midt på vinteren, måket seg vei gjennom snøen som hadde hopet seg opp til over kneet for å grave opp sjeldne, mysteriske urter og frukter, som ble sagt skulle være gode for hans syke foreldre.

Det er også en annen historie om en mann og en kone som tok trofast vare på deres gamle foreldre med god mat hver dag, selv om de selv og deres barn ofte gikk uten mat.

Hva med folk i vår egen tid? Det er noen som gjemmer deilig mat slik at de kan mate deres barn, men serverer deres foreldre sparsommelig og veldig motvillig. Du ville aldri si at det er virkelig kjærlighet hvis de gir masse av kjærlighet til deres barn, men glemmer deres egne foreldres' nåde og kjærlighet. De som virkelig elsker deres foreldre vil servere dem god mat, og vil til og med prøve å tilsidesette at deres egne barn går uten mat. Kunne du ofre deg selv slik for dine foreldre? Derfor burde vi kjenne til en tydelig forskjell mellom lydig kjærlighet med glede og takknemlighet, og kjærlighet som tilfredstiller foreldre. Det var ikke lett å finne barn med denne vinnende foreldrekjærligheten før i tiden, og det har bare blitt mere vanskelig å finne slike barn idag fordi verden flyter nå over med synd og ondskap.

Det er i likhet med foreldrenes' kjærlighet, som er beskrevet som den mest enestående og nydelige kjærlighet. Til og med min mor, som elsket meg veldig mye, fortalte meg mens huns gråt bittert, "Dø, og det vil bli din forpliktelse som min sønn," fordi jeg var syk i mange år og det var ikke noe håp om helbredelse.

Men hvordan viste kjærlighetens Gud sin kjærlighet for oss? Han ga oss ikke bare sin eneste Sønn for så å la Ham dø på korset for å åpne veien til frelse og himmelen, men også Hans endeløse kjærlighet.

I mitt tilfelle, siden jeg møtte Gud, følte jeg alltid og innså også Hans overveldende kjærlighet slik at jeg kunne forstå Hans kjærlighet av hele mitt hjerte og fort vokste til troens fulle måling. Jeg begynte å elske Ham over alt annet og hadde også tro som Gud var tilfreds med.

Å ha tro som Gud er tilfreds med

I Salmenes bok 37:4, lover Gud oss å, *"Og gled deg i Herren! Så skal Han gi deg hva ditt hjerte attrår."* Hvis du tilfredstiller Gud, vil Han ikke bare gi hva du enn spør om, men også alt hva du ønsker i ditt hjerte.

Når jeg skulle starte min kirke, hadde jeg bare rundt NOK

70. Likevel velsignet Gud meg til å leie en bygning på nesten 300 kvadratmeter for å starte min kirke når jeg ba med troen. Gud ga også min kirke enorm oppvekkelse og velsignelse med et godt, stoppet, rystet, overfylt mål når jeg ba med et stort syn og drøm for verdensmisjonen helt fra begynnelsen.

Dessuten er alt mulig for deg når du har en vinnende Guds tro fordi Jesus minner oss om det i Markus 9:23, *"'Om jeg formår?' Alt er mulig for den som tror."* Som vi også har nevnt i hele Femte Mosebok 28, vil du bli velsignet når du kommer inn og går ut, du vil gi til mange, men ikke låne fra noen, og Herren vil gjøre deg til lederen. Videre, tegnene vil følge deg som de forsikrer deg i Markus 16.

Jesus lover deg også utenkelige velsignelser i Johannes' evangeliet 14:12-13. La oss sammen lese disse versene for å se hva slags velsignelser som vil følge når du med troen tilfredstiller Gud:

> *Sannelig, sannelig sier jeg dere: Den som tror på meg, han skal også gjøre de gjerninger jeg gjør; og han skal gjøre større enn disse; for jeg går til min Fader. Hva som helst dere ber om i Mitt navn, det vil jeg gjøre, forat Faderen skal bli herliggjort i Sønnen.*

Velsignelser gitt til Enok

I Bibelen så vi mange av troens forfedre som tilfredstilte Gud. Blant dem, hvordan tilfredstilte Enok Gud i Hebreerne 11 og hva slags velsignelser fikk han?

Ved tro ble Enok bortrykket, så han ikke kunne se døden, og han ble ikke funnet, fordi Gud hadde bortrykket ham. For før han ble bortrykket, fikk han det vitnesbyrd at han tektes Gud; men uten tro er det umulig å tekkes Gud; for den som treder frem for Gud, må tro at Han er til, og at Han lønner dem som søker Ham (v. 5-6).

Første Mosebok 5:21-24 viser Enok som den som var tilfreds med Gud fordi han var rettferdiggjort på en alder av 65 og var trofast i hele Guds hus. Enok spaserte med Gud i 300 år, delte kjærlighet med Ham og han så ikke døden fordi Gud holdt ham vekk. Han var så enormt velsignet at han nå ligger ved siden av Guds trone, og deler all kjærligheten med Ham.

I likhet er det mulig å bli tatt vekk fra himmelen uten å se døden hvis du har god Gud velsignet tro. Profeten Elias så heller ikke døden, men ble tatt til himmelen fordi han vitnet til den levende Gud og frelset mange mennesker ved å vise dem utrolig mektig arbeide med Gud velsignet tro.

Tror du på at Gud eksisterer og at Han belønner de som virkelig søker Ham? Hvis du har slik tro, er det bare passende for deg å bli helt renset og legge frem ditt liv for å utfylle dine Gud velsignede gjerninger.

2. Troen Til å Ofre Ens Eget Liv

Jesus befaler oss i Matteus 22:37-40 slik:

"Du skal elske Herren din Gud av alt ditt hjerte og av all din sjel og av all din hu. Dette er det største og det første bud. Men det er et annet som er like så stort: Du skal elske din neste som deg selv. På disse to bud hviler hele loven og profetene."

Gud velsignede mennesker tilfredstiller Ham ved å ikke bare elske Gud av hele deres hjerter, sjeler, og sinn, men også elske dine naboer som seg selv. Du kan kalle denne Gud velsignede troen "troen til Kristus" eller "hel spirituell tro" fordi den troen er fast nok for deg til å legge ned ditt eget liv ubesparelig for Jesus Kristus.

Troen om å ofre Hans liv for Guds vilje

Jesus adlød fullstendig Guds velsignede vilje. Han ble korsfestet, ble den første til å oppstå og sitter nå ved siden av Guds trone, alt dette på grunn av at Han hadde den helhjertede troen til å ofre Seg Selv og til å gi hele sitt liv i full lydighet. Derfor vitner Gud til Jesus og sier, *"Dette er min sønn, den elskede, i hvem jeg har velbehag"* (Matteus 3:17, 17:5), og *"Se, min tjener, som jeg har utvalgt, min elskede, som min sjel har velbehag i"* (Matteus 12:18).

Gjennom kirkens historie, har det blitt mange forfedre i troen som uforbeholdent ga deres liv, som Jesus gjorde, for Guds tilfredse vilje. Utenom Peter, Jakob, og Johannes som fulgte Jesus hele tiden, mange andre ga deres liv for Jesus Kristus uten noen som helst betenkeligheter eller forbehold. Peter døde på korset hengende opp ned; Jakob var halshugget; og Johannes var puttet i kokende olje i en jerngryte, men han døde ikke, og var jaget til øyen Patmos. Mange kristne døde i Colosseumet i Roma som bytte for løvene mens de priste Gud. Mange andre holdt fast på deres tro ved å leve hele deres liv i katakomber, "en undergrunds kirkegård", uten å noensinne se dagslyset. Gud var fornøyd med deres tro på grunn av at de levde som skriftene befalte dem til: *"For om vi lever, så lever vi for Herren, og om vi dør, så dør vi for Herren; enten vi da lever eller vi dør, hører vi Herren til"* (Paulus' brev til romerne 14:8).

I 1992, begynte jeg å blø ifra neseborene fordi jeg hadde arbeidet for hardt uten nok søvn og hvile. Nesten alt blodet syntes å ha rent ut av min kropp. Som resultat, kom jeg snart i en veldig kritisk situasjon. Jeg mistet gradvis bevistheten og nådde til slutt nesten døden.

På den tiden, følte jeg at jeg snart ville bli i Jesus' armer og hadde ingen hensikt i å stole på medisinsk behandling. Jeg tenkte aldri på å se en doktor for min neseblødning. Jeg gikk heller ikke til hospitalet eller var heller ikke avhengig av noen annen form for menneskelig legemiddel selv når jeg sto for døden, fordi jeg trodde på den allmektige Gud min Fader. Min familie og kirkemedlemmer presset meg heller ikke til å bli behandlet på et hospital. De kjente meg så godt at jeg alltid ga mitt liv fullstendig til Gud, ikke til verden eller til noen som helst mann.

Selv når jeg var bevisstløs på grunn av en enorm blødning, takket min ånd Gud for at jeg var i stand til å ligge i Jesus' armer og få en evig hvile. Mitt eneste håp var å møte Herren Jesus.

Men Gud visste meg i et syn hva som ville skje med min kirke etter min død. Noen mennesker ville forbli i min kirke, beholde deres tro, mens mange andre mennesker ville vende tilbake til omverden, gå fra Gud og synde mot Ham.

Når jeg så dette, klarte jeg ikke å hvile i Jesus' armer. Istedenfor ba jeg Gud alvorlig om å styrke meg fordi jeg følte en dyp sørgmodighet for de som ville gå ut til omverdenen. Så med Guds hjelp som helbredet meg sto jeg opp ifra sengen og satte meg opp øyeblikkelig, selv om jeg nesten var død og hadde blitt hvit som et laken.

Etter at jeg fikk tilbake min bevisthet, så jeg mange av mine kirkemedlemmer som gråt av glede. Hvordan kunne de ikke bli rørt etter at de hadde erfart Guds fantastiske og mektige arbeide med å vekke en person fra de døde?

På denne måten, er Gud tilfreds med de som viser deres tro ved å gi deres liv ubetinget og svarer dem hurtig. På grunn av martyrer i de tidlige kirkene, spredde evangeliet seg hurtig over hele verden. Til og med i Korea, hjalp martyrenes blod med å hurtig spre evangeliet.

Troen med å adlyde alle Guds viljer

Paulus' 1. brev til tessalonikerne 5:23 sier, *"Men Han selv, fredens Gud, hellige dere hekt igjennom, og gi dere ånd og sjel og legeme må bevares fullkomne, ulastelige ved vår Herre Jesu Kristi komme!"* Her refererer "hele ånden" til en tilstand hvor du har fått et hjerte akkurat som Jesus Kristus.

En mann med hel ånd er en som lever bare etter Guds vilje fordi han kan alltid høre stemmen til den Hellige Ånd og hans hjerte blir selve sannheten ved å helhjertet forstå Guds Ord. Du kan bli en mann med ånd og beholde Jesus' holdning når du er fullstendig renset ved å kaste bort all slags ondskap og ved å kjempe mot synden som ble funnet i deg.

Dessuten, når en spirituell mann fortsetter med å utryste seg med Guds Ord, vil sannheten ikke bare lede ditt hjerte, men også hele ditt liv.

Du kan derfor kalle denne type tro "full tro" eller "perfekt spirituell tro om Jesus Kristus." Du kan beholde slik tro når du har et oppriktig hjerte som beskrevet i Hebreerne 10:22: *"Så la oss trede frem med sanndru hjerte i troens fulle visshet, renset på hjertene fra en ond samvittighet og tvettet på legemet med rent vann."*

Men det menes ikke at du kan bli på likevekt med Jesus Kristus selv om du ville ha Jesus' holdning og ha troen til Kristus. Forestill deg at en sønn respekterer hans far veldig høyt og prøver å etterligne hans far. Han vil kanskje etterligne hans fars karakter eller personlighet, men kunne aldri bli hans far.

På samme måte, ville du aldri bli lik Jesus Kristus. Han etablerte en spirituell orden i Matteus 10:24-25 slik: *"En disippel er ikke over sin mester, heller ikke en tjener over sin herre. Det er nok for disippelen at han blir som sin mester, og tjeneren som sin herre."*

Hva med forholdet mellom Moses som ledet isralittene ut av Egypt, og Josva som overtok etter Moses og førte hans folk inn i Canaan? Moses delte Røde Havet og brakte vann ut av stener, men Josva var ikke mindre enn Moses med å utføre Guds mirakler: han stoppet flommen av Jordan elven ved oversvømmelses stadiet, Jeriko sammenbruddet, og solen og månen stoppet for nesten en full dag. Likevel kunne ikke Josva bli større enn Moses som hadde klart snakket ansikt til ansikt med Gud og ikke i gåter.

I denne verdenen, en student kan være høyere enn hans lærer, men dette er umulig i den spirituelle verden. Dette er på grunn av at den spirituelle virkeligheten er forståelig bare ved Guds hjelp og ikke med noen bøker eller verdslige kunnskaper. En som er spirituellt disiplinert av en spirituell lærer vil derfor ikke være høyere enn hans lærer som forstår og gjør ting i Guds nåde.

I bibelen, Elisja mottok en dobbel porsjon av Elias ånd og utførte flere mirakler, men han var mindre enn Elias som ble løftet til himmelen levende. Også i løpet av de tidlige kirke dagene, gjorde Timothy mange ting for Herren Jesus, men ble ikke høyere enn hans lærer, apostelen Paulus.

Fordi det ikke er noen grense i den spirituelle verdenen, ingen kan helt og holdent forstå dens dybde. Dette er grunnen til at du kan bare kjenne til den gjennom Guds lære, og ikke på egen hånd. Det er det samme med realiteten at du ikke vet hvor dypt havet er eller hva slags planter og pattedyr lever på bunnen av den. Likevel vil du se mange fargerike fisker og planter når du går ned i havet. Og hva mer er, vil du se hemmelighetene i havet så mye du vil når du utforsker det dypere. I tillegg, jo mere av den spirituelle realiteten som du går inn i, jo mere vil du lære om det.

Gud selv lærer og tillater meg å forstå den spirituelle realiteten slik at jeg kan nå det dypere nivået til den spirituelle realiteten. Han har også ledet meg til å erfare den spirituelle realiteten for megselv. Han leder meg og lærer meg om målingen av troen i detaljer på denne måten og bruker meg til å lede flere mennesker for å nå inn i et dypere nivå av den spirituelle realiteten. Med vissheten om dette, burde du undersøke deg selv forsiktigere og prøve å få en mer moden tro.

3. Troen Til å Åpenbare Under og Tegn

Hvis du har full tro ettersom sannheten setter seg fullstendig i ditt hjerte, vil du spare opp bønner ettersom du kjemper med å leve ifølge Guds velsignede vilje. Dette er fordi du bør motta makt for å kunne frelse så mange sjeler som mulig, hvor Gud anser hver og en kjærere enn universet.

Hvorfor ble Jesus korsfestet? Han ville frelse de bortkomne sjelene som vandrer syndenes vei og gjøre dem til Guds barn.

Hvorfor sa Jesus, "Jeg er tørst" mens Han hang på korset blødende i timesvis under den hete solen? Gjennom denne bemerkningen, spurte ikke Jesus oss om å slukke Hans fysiske tørste som var et resultat av at Han mistet alt sitt blod, men å lette Hans spirituelle tørst ved å gi sitt blod. Det var en målbevisst bønn for oss å frelse de bortkomne sjelene og lede dem inn i Jesus' armer.

Frelse mange mennesker med makt

Når en når troens femte nivå hvor han tilfredstiller Gud, grubler han virkelig på om 'Hvordan kan jeg lede mange mennesker inn i Faderens armer? Hvordan kan jeg utvide Guds kongerike og rettferdigheten?' og gjør virkelig sitt beste for å oppnå sitt mål. Han prøver derfor å tilfredstille Gud ved å fullføre andre gjerninger, i tillegg til å fullstendig fullføre hans

egne Guds betrodde gjerninger. Men selv slik et entusiastisk menneske kan ikke tilfredstille Gud uten å motta makt, fordi, som vi blir minnet om i Paulus' 1. brev til korintierne 4:20, *"For Guds rike består ikke i ord, men i kraft."*
Hvordan kan du motta makt til å lede mange mennesker til frelse? Du kan motta det bare ved å be iherdig. Det er fordi å frelse mennesker kan ikke bli utrettet ved menneskenes foredrag, kunnskap, erfarenhet, rykte, autoritet, men bare ved Guds makt.
De som har kommet på troens femte nivå må derfor ivrig fortsette med å be for å kunne motta makten hvor de kan frelse så mange mennesker som mulig.

Guds rike er et spørsmål om makt

Jeg møtte en gang en prest som ikke bare var rolig i sitt hjerte, men prøvde også å fullføre hans forpliktelse og be for å leve ifølge Guds ord, men han hadde ikke så mye livsfrukt som han trodde. Hva er grunnen? Hvis han virkelig hadde elsket Gud, burde han ha gitt hele sitt sinn, vilje, liv, og til og med hans kunnskap til Gud, men han hadde ikke gjort det. Han skulle ha blitt klar over at han selv var en leder over sitt liv, istedenfor å tillate Gud til å føre ham.

Gud kunne ikke arbeide for ham på grunn av at den presten ikke stolte helt på Gud når han utførte hans forpliktelse, men stolte bare på sin egen kunnskap og tanke. Han kunne derfor ikke demonstrere Guds arbeide som går utover menneskenes evne, selv om han så resultatet av hans innsats.

Derfor burde du be, høre stemmen til den Hellige Ånd, og bli ledet av den Hellige Ånd, istedenfor å stole på menneskenes tanker, kunnskap, og erfaring når du arbeider i Guds prestetjeneste. Bare når du blir en mann med sannhet og blir fullstendig ledet av den Hellige Ånd, vil du erfare vidunderlig arbeide åpenbart med Hans makt kommende ovenfra.

Men når du stoler på menneskenes tanker og teorier, selv om du tenker at du kjenner Guds Ord, ber, og gjør ditt beste for å fullføre din forpliktelse, er ikke Gud med deg på grunn av at Gud ser på slik en holdning som arrogant. Du må derfor grundig kaste vekk slik en syndig natur, be ivrig etter å bli en perfekt spirituell person, spørre etter Guds makt, og være klar over hvorfor apostelen Paulus tilsto, "Jeg dør hver dag."

Hvis du ber med inspirasjon av den Hellige Ånd

Alle som aksepterer Herren Jesus burde be fordi å be er et spirituelt åndedrag. Men innholdet i bønnen er forskjellig på de forskjellige nivåer av troen. En som er på troens første eller andre nivå ber hovedsakelig for seg selv, me han kan knapt be for ti minutter fordi det ikke er mange ting å be om.

Han ber heller ikke med en tro som kommer inne fra hans hjerte selv om han ber for Guds rike og rettferdighet. Men når han kommer til troens tredje nivå, klarer han å be for Guds rike og Hans rettferdighet, uten å spørre om noe for seg selv.

I tillegg, hvordan vil han be når han kommer til det fjerde nivået? På dette nivået, ber han bare for Guds rike og rettferdighet fordi han har fullstendig kastet vekk den syndige naturens gjerninger og ønsker.

Han trenger ikke å be for å bli kvitt sin synd fordi han har allerede levd ifølge Guds Ord. Han spør Gud etter andre ting utenom hans egen familie og seg selv: frelse av flere mennesker, utvidelse av Guds rike, rettferdighet, og hans kirke, kirke medlemmer, og alle brødrene og søstrene i troen. Han ber støtt og stadig, fordi han er fullt klar over at han ikke kan frelse noen uten å motta styrke ovenfra fra Gud. Han ber også ivrig med hele sitt hjerte, sjel, sinn, og styrke for Guds rike og rettferdighet.

Videre, hvis han når troens femte nivå, ofrer han bønner som kan tilfredstille Gud og takkebønner som kan til og med røre ved Gud i Hans trone.

Før i tiden ville det ha tatt ganske lang tid for ham å be fra hele hans hjerte med den Hellige Ånd, men han kan nå føle at hans bønner stiger opp til himmelen med inspirasjon av den Hellige Ånd med en gang han kneler ned for å be.

Det er vanskelig når du ber for å kaste bort dine synder. Men det er ikke vanskelig når du ber med troen om å motta Guds makt for å frelse mange sjeler og om å tilfredstille Gud, og med stor kjærlighet for Herren.

Vise vidunderlige tegn og undere

Mange vidunderlige tegn og undere kommer gjennom personen når han fortsetter med å be ivrig med iherdig kjærlighet om å motta Guds makt. Dette viser at han har Guds tilfredstilte tro.

Jesus gjorde mange vidunderlige tegn og mirakler under Hans prestetjeneste, som det står i Johannes' evangeliet 4:48, *"Uten at dere ser under og tegn, tror dere ikke."* Det er på grunn av at Jesus kunne veldig lett lede folk til å tro på Gud ved å vitne til den levende Gud ved å vise dem underlige tegn og mirakler.

Nå for tiden, velger også Gud de riktige menneskene til å utføre tegn og mirakler, og til og med større ting enn Jesus gjorde (Johannes' evangeliet 14:12). I min kirke alene, har det fremstått mangfoldige tegn og mirakler.

Nå la oss se på tegnene og miraklene som blir gjort gjennom de som har tilfredstillende tro ifølge Gud. Først, når Guds makt blir fullført og fremvist, som er utenom menneskenes evne, kaller vi det "et tegn." For eksempel, den blinde kommer for å se, den stumme for å snakke, den døve for å høre, den lamme for å gå, det korte benet blir forlenget, den kroke ryggen blir rettet, og barnelammelse eller cerebral parese blir normal.

Om tegnene forteller Jesus oss i Markus 16:17-18:

Og disse tegn skal følge dem som tror: i Mitt navn skal de drive ut onde ånder, de skal tale med tunger, de skal ta slanger i hendene, og om de drikker noe giftig, skal det ikke skade dem; på syke skal de legge sine hender, og de skal bli helbredet.

Her, "de som tror" menes mennesker som har Faderens tro. Tegnene som følger "de som har trodd" kan bli klassifisert i fem kategorier og i det neste kapitlet vil jeg gå i mere detaljer om dette.

Blant mange av Guds arbeider, "et under" menes også med å forandre været slik som å flytte skyer, la himmelen gi eller stoppe regn, flytte på himmelske kropper, o.s.v.

Ifølge Bibelen, sendte Gud torden og regn når Samuel ba (1.

Samuels' bok 12:18). Når profeten Esaia ropte til Gud, vet vi at *"han lot skyggen gå tilbake de streker som den var gått ned på Akas' solskive – ti streker"* (Annen Kongebok 20:11). Også, Elias *"ba at det ikke skulle regne, og det regnet ikke på jorden i tre år og seks måneder. Og han ba atter, og himmelen ga regn"* (Jakobs brev 5:17-18).

På samme måte leder kjærlighetens Gud menneskene til frelse ved å vise dem virkelige mirakler og under gjennom folk som han har plukket ut. Derfor burde du tro fast på Guds ord som er skrevet i Bibelen og prøve å beholde den tro som tilfredstiller Gud.

4. Å Være Troverdig I Alle Guds Hus

Mennesker som er på troens andre trinn kan komme inn til troens femte nivå midlertidig. Det er fordi når de først mottar den Hellige Ånd, er de så fylt med den Hellige Ånd at de ikke engang er redde for døden, men blir bare fulle av takknemlighet, ber iherdig, forkynner evangeliet, og møter frem på alle kirkemøtene. De mottar alt hva de spør om på grunn av at de er på troens fjerde eller femte nivå selv om deres erfaring er midlertidig. Nå de mister deres helhet med den Hellige Ånd, vil de snart gå tilbake til troen på deres eget nivå.

Men likevel forandrer menneskene som er på troens femte nivå seg aldri. Det er på grunn av at de alltid er fyllt med den Hellige Ånd slik at de kan helt kontrollere og lede deres sinn, og lever ikke på samme måte som menneskene på troens første eller andre trinn gjør det. Bortsett fra det, tilfredstiller de faktisk Gud ved å være trofaste i alle Hans hus. I fjerde Mosebok 12:3 sies det, *"Men Moses var en meget saktmodig mann, mere enn alle mennesker på jorden,"* og vers 7 sier, *"Men så er det ikke med min tjener Moses; han er tro i hele mitt hus."* Med dette vet vi at Moses var på troens femte stadiet hvor han kunne tilfredstille Gud.

Hva menes det med å "være trofast i hele Guds hus"? Hvorfor verdsetter Gud bare de som er trofaste i alle Hans hus, akkurat som Moses, til å kunne tilfredstille Gud?

Meningen med troverdighet i alle Guds hus

Den som er "trofaste i alle Guds hus" har troen til Kristus, eller "fullstendig spirituell tro;" han gjør alt med Jesus Kristus' holdning. Han gjør alt med hjerte til Kristus og hjerte til ånden, uten å stole på hans egne tanker eller sinn.

Siden han har gjennomført sinnets godhet, sinnet til Kristus, hverken krangler eller gråter han, og han knuser heller ikke et knekket rør og snuser ut et ulmende veke (Matteus 12:19-20). Slik en person har korsfestet den syndige natur sammen med dens lidenskaper og ønsker det slik at han kan være trofast i alle hans plikter.

Han har ingen "meg selv" tilbake, men bare hjerte til Kristus – åndens hjerte – fordi han har kastet vekk alle hans kjødelige ting. Han har ingen interesse for verdslig belønning, makt, og rikdom.

Istedenfor er hans hjerte overfylt med håp for evige ting: hvordan han kan fullføre Guds rike og Hans rettferdighet mens han lever i denne verden; hvordan han kan bli en stor person i himmelen og bli elsket av Gud Faderen; og hvordan han kan leve lykklelig for alltid ved å oppbevare store belønninger i himmelen. Derfor kan han bli trofast i alle hans forpliktelser fordi bare inderlighet og seriøsitet til å utføre Gud rike og rettferdigheten kommer helt innerst inne fra hans hjerte.

Det er ulikheter med målingen av kjærligheten blandt folk som oppnår Guds rike og Hans rettferdighet. Hvis han bare utfører de oppgavene som er gitt til ham, blir det mer eller mindre å fullføre hans personlige forpliktelse.

For eksempel, når du hyrer noen, gir ham en lønn, og han gjør den jobben som han er hyret og betalt for, sier vi ikke at han var "trofast med alt" selv om han gjør ferdig sitt arbeide riktig. Med å "være trofast med alt," menes at personen ikke bare fullfører den oppgaven han har fått, men gjør også ytterst mye uten å spare noe på hans materialistiske eiendeler og med seriøsitet uten å simpelthen bare gjøre ferdig den oppgaven han har fått.

Derfor kan du ikke bli anerkjent for å "være trofast i alle Guds hus" selv om du har kastet bort synder ved å kjempe mot dem helt til slutten, helt til det punkt hvor du gir ditt blod for Guds store kjælighet og fullfører din forpliktelse fult ut med et hellige hjerte. Du kan bli sett på for å "være trofast i alle Gud hus" bare når du er fullstendig renset og fullfører din forpliktelse umåtelig godt, vel utover ditt ansvar overfor Guds tro, som er lydige helt til døden.

Å være troverdige i alle Guds hus

Du er på troens fjerde nivå når du elsker Jesus Kristus mer

enn noe annet og har spirituell kjærlighet som beskrevet i Paulus 1. brev til korintierne 13, og bærer frukten til den Hellige Ånd som identifisert i Paulus brev til galaterne 5. I tillegg til dette, vil du kunne ha en tro som tilfredstiller Gud når du fullfører saligprisningene til Matteus 5 og er trofast i alle Guds hus. Hvorfor er det slik?

Det er forskjell på kjærligheten som er livsfrukten til den Hellige Ånd og kjærligheten som er forklart i Paulus 1. brev til korintierne 13. Kjærligheten i Paulus' 1. brev til korintierne 13 er definisjonen av den spirituelle kjærligheten, mens kjærlighetens livsfrukt til den Hellige Ånd refererer til den uendelige kjærligheten som tilfredstiller loven.

Kjærligheten som er livsfrukten til den Hellige Ånd dekker derfor et større område enn kjærligheten som er beskrevet i Paulus' 1. brev til korintierne 13. Med andre ord, når offringen av Jesus Kristus som fullførte loven med kjærligheten på korset er tilsatt den kjærligheten i Paulus' 1. brev til korintierne 13, kan det bli kalt "kjærlighet som frukten til den Hellige Ånd."

Glede kommer ovenfra med spirituell lykke og fred fordi de kjødelige ting inne i det forsvinner like mye som den spirituelle kjærligheten modner i deg. Det føles bare riktig for deg å bli fyllt med glede når du er fyllt med bare gode ting fordi du ser, hører, og bare tenker på gode ting.

Du hater ingen på grunn av at det ikke er noe hat i deg. Du overflyter med glede på grunn av at du vil heller kunne tjene andre, gi gode ting til dem, og ofre ting til dem. Fordi om du lever i denne verdenen, søker du ikke etter kjødelige ting på jakt etter egeninteresse; istedenfor er du fylt med himmelsk håp, tanker om hvordan du kan utvide Guds rike og Hans rettferdighet, og tilfredstille Ham ved å frelse flere mennesker. Du kan leve i fred med dine naboer fordi du nyter virkelig glede og har fred i sinnet for å kunne ta vare på dem gjennom all den gleden som du får.

Dessuten kan du bli tålmodig med himmelsk håp så lenge du holder fred med andre. Du kan vise vennlighet til andre fordi du kan vise medlidenhet til dem så lenge du er tålmodig. Du har godhet fordi du ikke krangler eller skriker ut, ikke knuser et knekket rør og ikke sniffer ut en brennende veke hvis du har vennlighet. Mennesker med godhet kan bli spirituelt trofaste på grunn av at de har allerede kastet bort egoisme.

I tillegg til det er målingen av trofastheten forskjellig blandt de som er trofaste, ifølge plassen til hver persons hjerte. Det mere mildhet en har, jo høyere er målingen av trofastheten som han fullfører. Du kan se hvor rolig han er hvis han er trofast i alle Guds hus. Han fullfører alle hans forpliktelser hjemme og på arbeidet, i forholdene med andre, og i kirken. Moses som derfor var den mest beskjedne mannen på jorden, kunne bli trofast på hver eneste forpliktelse som ble gitt ham.

Videre, hvordan kunne du være perfekt uten selvbeherskelse? Du må være trofast i alle Guds hus med selvbeherskelse, fordi det ikke er mulig å være avbalansert på alle felter uten det. Du klarer derfor ikke å være trofast i alle Guds hus, uten resultatet av selvbeherskelse selv om du holder på de andre åtte produktene til den Hellige Ånd.

For eksempel, la oss si at du skal møte en venn et annet sted etter ditt gruppe møte. Det ville vært veldig uhøflig overfor din venn hvis du utsatte tiden over telefonen. Ikke på grunn av at møte varte lenger, men på grunn av at du ble igjen etter møte for å prate med mennesker i gruppen. På samme måte, hvordan kan du være trofast i alle Guds hus hvis du ikke kan holde et lite løfte eller utfylle en slik forpliktelse, uten å ha selvbeherskelse? Du må være klar over at du vil bli trofast i alle Guds hus bare når ditt liv er på likevekt med resultatet av selvbeherskelsen.

Spirituell kjærlighet, Åndens resultat, og saligprisningene

Du får saligprisningene til den grad hvor du har spirituell kjærlighet og produktet fra den Hellige Ånd og omsetter det i praksis. Saligprisningene refererer til karens karakter og du kan bare bli fullstendig trofast i alle Guds hus når saligprisningene kommer over deg ved å fullstendig oppføre seg og leve etter hva du dyrker i ditt hjerte.

Gjennom det meste av den koreanske historie, Kongens trofaste rådgivere tok hver regjeringssak som deres egne personlige saker. På denne måten, kunne disse rådgiverne tjene kongen og hjelpe dem med å komme til de riktige avgjørelsene, selv om det noen ganger mentes med store personlige lidelser eller til og med døden. De ikke bare elsket deres konger, men elsket hele landet like mye som de elsket seg selv, og oppførte seg deretter.

På den annen side, disse lojale rådgiverne tjente også deres konger helt til slutten selv med fare for deres egne liv. På den annen side virket noen rådgivere veldig lojale overfor deres konger, men sluttet og levde tilbaketrukket når kongen ikke fulgte deres seriøse og gjentatte råd og rådgivning. Men sanne kongelige rådgivere og statsborgere oppførte seg ikke slik. De var lojale til kongen helt til slutten selv om kongen ignorerte dem og avslo deres råd. Deres konge kunne avslå dem, avslå deres råd, eller vanære dem uten noen grunn. Men de hadde fremdeles ikke noen dårlige følelser overfor kongen og forandret ikke deres mening selv om de ville miste livet.

Ens personlige karakter og ens hjertes karakter

For å godt kunne forstå hva det menes med å "være trofast i alle Guds hus," la oss først undersøke ens personlighet og ens hjertes karakter.

Målingen av ens personlighet er forskjellig for hver person, avhengig av hvor mye han utvikler hans hjerte til et godt et, eller hvor mye han forandrer hans hjerte til et beskjedent et. Ens personlighet er derfor bestemt av hvorvidt han gjør hva han er befalt om eller hvorvidt han adlyder.

Hva så vil bli en betydningsfull forskjell i ens personlighet? Det er avhengig av hvordan og hva slags hjerte en reagerer med mot Guds ord og hvor mye av det som han har i hans hjerte som han omsetter i handling. Den som har en god personlighet verdsetter derfor Guds ord høyt, og tenker på det dypt i deres hjerte som Mary gjorde: *"Men Mary gjemte alle disse ord og grundet på dem i sitt hjerte"* (Lukas 2:19).

Karakterene til ens hjerte varierer avhengig av hvordan han utvider hans sinn ved å utføre hans forpliktelse eller hvor dyktig han bruker sitt sinn til å utføre hans forpliktelse. Med et eksempel på forskjellige måter hvor folk reagere på den samme situasjonen, vil jeg klassifisere menneskers gjerninger som oppstår fra forskjellige hjerter inn i fire kategorier.

Den første personen går lenger enn hva han har blitt befalt til. For eksempel, når foreldrene forteller deres barn å plukke opp et papir fra gulvet, rydder han ikke bare opp fra gulvet, men også tørker vekk støv, gjør rent overalt på rommet, og tømmer søplekannen. Dette barnet gir deres foreldre glede og tilfredsstillelse fordi han gjør mer enn hva foreldrene forventer. Hvor mye ville han blitt elsket av hans foreldre? Diakonene Stephen og Philip var slike individer. De var tolerante menn slik at de kunne utføre store undere og mirakler blandt menneskene slik som apostlene gjorde (Apostelens gjerninger 6).

Den andre personen gjør bare hva han har blitt befalt om. For eksempel, hvis et barn bare plukker opp det ene papiret fra gulvet som hans foreldre befalte ham om, kan han være elskelig til hans foreldre siden han adlød dem, men han vil kanskje ikke tilfredstille dem.

Den tredje personen gjør ikke hva han burde gjøre. Han er så følelsesløs og apatisk at han ergrer seg bare han blir bedt om å gjøre en oppgave. Slike mennesker, som påstår at de elsker Gud men ikke ber eller tar vare på Jesus' lam, tilhører denne gruppen. Fra en av Jesus' lignelser, en prest og en levitt som gikk forbi en mann som hadde blitt ranet på den andre siden av gaten, tilhørte også denne gruppen (Lukas evangeliet 10). Fordi slike mennesker ikke har noen kjærlighet, vil de kanskje gjøre hva Gud hater mest, som å være arrogant, være utroe, og bedra Ham.

Den siste personen gjør ting værre og hindrer egentlig oppdraget fra å bli ferdig. Det hadde vært bedre for ham hvis han ikke hadde begynt på oppdraget i første omgang. Hvis et barn slår i stykker en blomsterpotte fordi han er sint på foreldrene fordi de ba ham om å plukke opp noe søppel, tilhører han denne gruppen.

Generøst hjerte og trofasthet i alle Guds hus

Akkurat som jeg forklarte om de fire kategoriene til ens personlighet, et menneske kan bli sett på som å ha en stor personlighet når han gjør hans gjerninger utover det som bli forventet av ham. Det er på grunn av hvor mektig en er som et menneske, hvor det kommer an på hvor mye han utvider hans sinn med håp og hvor seriøst han prøver. Det er det samme når han gjør noe i kirken, på jobben eller hjemme.

Når en blir gitt en spesiell oppgave, og hvis han adlyder med "amen," kan han derfor bli ansett som å være et av de mektige menneskene. Personen kan bli anerkjent som en med et generøst hjerte når han ikke bare adlyder hva han har blitt befalt, men også utfører ting utover hva som er forventet med seriøsitet og frisinnhet. I denne forstanden, å være trofast i alle Guds hus er forbundet med målingen av generøsiteten. Seriøsiteten varierer ifølge målingen av generøsiteten.

La oss kikke på noen mennesker som hadde vært trofaste i alle Guds hus. I 4. Mosebok 12:7-8 blir du klar over hvor mye Gud elsket Moses, som var trofast i alle Hans hus. Disse versene forteller oss hvor viktig det er å være trofaste i alle Guds hus:

> *Men så er det ikke med min tjener Moses; han er tro i hele mitt hus. Munn til munn taler jeg med ham, klart og ikke i gåter, og han skuer Herrens skikkelse. Hvorledes kunne dere da våge å tale ille om Moses, min tjener?*

Moses hadde ikke bare en trofast kjærlighet og et konstant hjerte overfor Gud, men hadde også den samme holdning overfor hans familie, og utførte hans forpliktelser uten å noensinne forandre hans sinn. Han kunne alltid velge Guds evige ting først, ikke hans ære og rikdom, og tilfredstilte Ham med troen. Han var så lojal at han til og med spurte Gud om Han kunne frelse Hans folk ved å risikere å miste hans eget liv når isralittene syndet.

Hvordan reagerte Moses når menneskene lagde en likhet av en gylden kalv og forgudet det, når han kom tilbake med tavlen med de Ti Budene som ble gitt av Gud etter han hadde fastet i førti dager? De fleste mennesker, i en slik situasjon, ville kanskje ha sagt, "Jeg klarer dem ikke mere, Gud! Vennligst, gjør som du vil!" Men Moses spurte Gud alvorlig om å tilgi dem deres synder. Han var klar og villig til å ofre sitt liv, som en slags sikkerhet, fra hele hans hjerte fullt av kjærlighet for dem.

Det er det samme med Abraham, troens forfader. Når Gud planla å ødelegge byene Sodoma og Gomorrah, tenkte ikke Abraham at det hadde noe med dem å gjøre. I stedenfor, ba Abraham Gud om å frelse menneskene i Sodoma og Gomorrah: *"Kanskje det er femti rettferdige i byen; vil du da sette dem til side og ikke spare byen for de femti rettferdiges skyld som kunne være der?"* (første Mosebok 18:24)

Så spurte han Gud om Hans nåde om ikke å ødelegge de byene hvis det var førtifire rettferdige mennesker og, skiftevis ble han ved å spørre Gud om hva hvis antall rettferdige mennesker er førti, tredve, trettifem, tyve eller ti. Til sist fikk Abraham det endelige svaret ifra Gud: *"Jeg vil ikke ødelegge den – for de tis skyld"* (første Mosebok 18:32). Men, de to byene ble ødelagt fordi det ikke engang var ti rettferdige mennesker i de byene.

Forøvrig ga Abarham avkall på hans rettigheter til å velge en god jord til hans nevø Lot når landet hvor de hadde bodd ikke lenger kunne støtte dem, på grunn av at begge deres eiendeler ble så altfor store. Lot valgte for seg selv hele den åpne marken som så god ut for ham og dro mot den.

Litt senere, ble Sodoma og Gomorrah tatt i krigen og mange mennesker ble tatt til fange, deriblant Lot, Abrahams nevø. Men ved å risikere sitt eget liv, forfulgte Abraham fienden med 318 tjenere, befridde Lot og andre fanger og tok tilbake deres eiendeler.

Da hilste kongen av Sodoma på Abraham og sa til ham, *"Gi meg folket og behold eiendelene for deg selv"* (v. 21). Men Abraham tok ikke noe ifra eiendelene, og sa, *"Jeg vil ikke ta så mye som en tråd eller en skorem av alt som ditt er"* (v. 23). Han ga alt tilbake til kongen av Sodoma (første Mosebok 14:1-24).

På samme måte hadde Abraham en fast holdning når han møtte eller var isammen med noen, han hverken skadet noen eller plaget noen. Han ikke bare trøstet mennskene og ga dem glede og håp, men også elsket og tjente dem alvorlig.

Hvordan en kan være troverdig i alle Guds hus

Moses og Abraham var menn men stor generøsitet, og de var seriøse, perfekte, og sannferdige uten å forsømme noe. Hva må du gjøre for å være trofast i alle Guds hus?

Først må du prøve alt og holde på det gode uten å slukke Åndens ild og behandle forutsigelser med forakt. Med andre ord, du burde se, høre, og tenke på godhet, snakke sannhet, og bare dra til gode steder.

Du kan også nekte og ofre deg selv med spirituell kjærlighet for Guds rike og Hans rettferdighet. For å kunne gjøre det, burde du korsfeste den syndige natur med dens lidenskaper og begjær. Du vil kunne fastsette hva prioritet i ditt liv er og hva som tilfredstiller Gud, når du vil ha spirituelle ting og ikke er bundet av verden.

Du må kjempe hardt for å ha tro til å elske Gud til det ytterste hvis du allerede står fast ved troen. Hvis du har troen til å elske Gud på det høyeste, må du fort komme inn i det omfanget hvor du kan tilfredstille Gud ved å være trofast i alle Hans hus.

Å ha troen til å tilfredstille Gud er i likhet med å avslutte studiene sine fra college eller fra et høyere universitet. Etter at du har avsluttet dine studier, går du ut i verden og kan bruke det du har lært i skolen for å bli vellykket i denne verdenen.

Samtidig, når du når troens fjerde nivå, den dypere spirituelle virkeligheten vil åpne seg foran deg fordi den spirituelle virkeligheten er betydelig større i den dybden, lengden, og høyden.

Når du kommer til troens femte nivå, vil du forstå Guds dype og generøse hjerte til en viss grad. Du vil kunne forstå hvor mye kjærlighet Gud har, og hvor full av kjærlighet, nåde, tilgivelse, vennlighet, og godhet Gud er. Du vil også kunne erfare Hans store kjærlighet fordi du føler at Herren spaserer med deg og du vil begynne å gråte ved tanken på Herren.

Derfor, burde du bli en mann med stor generøsitet med mye mer lydighet, hengivenhet, og kjærlighet, med vitenskap om at det er stor forskjell mellom troens fjerde og femte nivå med tanke på spirituell kjærlighet og ofring. Jeg håper også at du kan få alt fra Gud med den troen at du kan tilfredstille Ham, og at du vil bli frelst nok til å vise og utføre undere og tegn med iherdig beding.

Jeg håper du vil nyte alle velsignelsene som Gud har laget istand for deg, i Jesus Kristus navn jeg ber!

9. kapittel

Fulgt av Under De Som Har Trodd

1
Kaste ut Djevelene
2
Snakke med Nye Tunger
3
Plukke Opp Slanger Med Dine Hender
4
Ingen Dødelig Gift Skader Deg I Det Hele Tatt
5
De Syke Er Helbredet Når Du Legger Dine Hender På Dem

∽

"Og disse tegn skal følge
de Som har trodd:
I mitt navn vil de kaste vekk djeveler,
de vil snakke med nye tunger;
de vil plukke opp slanger,
og hvis de drikker noen dødelig gift,
vil det ikke skade dem;
de vil legge deres hender på de syke,
og de vil bli friske igjen."
(Markus 16:17-18)

∽

Vi ser i Bibelen at Jesus utfører mange tegn. Underne er gjort med Guds makt utenom menneskenes grense. Hva er det første tegnet some er utført av Jesus? Det er begivenheten hvor vannet ble forandret til vin ved en bryllups bankett i Cana i Galilea, som beskrevet i Johannes 2:1-11. Når Jesus visste at det ikke var mere vin igjen, lot Han tjenerne fylle seks krukker helt til toppen med vann. De tok litt ut og tok det til sjefen for festmiddagen, og sjefen for festmiddagen, som smakte på vinen som de hadde laget fra vannet, roste vinen for dens gode smak.

Hvorfor hadde Guds Sønn Jesus forandret vann til vin som det første tegnet Han gjorde? Begivenheten har noen spirituelle implikasjoner. Cana i Galilea betyr denne verdenen og bryllups banketten representerer den siste timen i denne verdenen hvor folk spiser seg mette, og drikker seg fulle, og er fullstendig fordervet med ondskap (Matteus 24:37-38). Vannet representerer Guds ord og vinen representerer blodet til Jesus Kristus.

Tegnet om å forandre vann til vin indikerer derfor at Jesus blod på Hans korsfestelse ville bli blodet som gir menneskene evig liv. Folk lovpriset vinen for dens gode smak. Det betyr at folk er glade på grunn av at deres synder er tilgitt ved å drikke Jesus' blod og de får håp om himmelen.

I begynnelsen ved det første tegnet, viste Jesus mange vidunderlige tegn. Han frelset et døende barn; utførte et mirakel med å mate femtusen mennesker med fem brød og to fisker; drev ut djevler; lot de blinde se, og brakte Lazarus, som hadde vært død i fire dager, tilbake til livet.

Hva var så Jesus endelige hensikt med å utføre slike tegn? Det var for å frelse mennesker og la dem ha tro som Han fortalte oss i Johannes 4:48, *"Uten at dere ser tegn og under, tror dere ikke."* Det er derfor at Gud til og med idag, anser til og med en sjel mere dyrebar enn hele universet, viser oss mange tegn gjennom de med troen som kan ofre deres liv for å frelse mennesker.

La oss nå se i detaljer på forskjellige tegn som ledsager de som har Guds tilfredstillende tro.

1. Kaste ut Djevelene

Bibelen forteller deg klart og tydelig om tilværelsen av djevelen, skjønt mange mennesker idag protesterer om at, "Djevelen er ingensteds." En djevel er en slags ond spirit som er imot Gud. Generelt narrer den folk som står til tjeneste overfor idoler ved å bringe dem prøver og problemer, og lager det sånn at slike mennesker kan flittig tjene dem.

Men du burde drive det ut og styre over det hvis du har sann tro, fordi Jesus forteller oss, "Disse tegn vil ledsage de som har trodd: I Mitt navn vil de kaste vekk djeveler."

Vi finner også i Johannes evangeliet 1:12, *"Men alle dem som tok imot ham, dem ga ham rett til å bli Guds barn, dem som tror på Hans navn."* Hvor skamfult ville det ikke være hvis du som Guds barn er redd for djevelen eller istedenfor blir tema for deres bedragi? Noen ganger er nye troende uten spirituell tro forstyrret av djevelene når de går opp til et bedefjell for å be i ensomhet. Noen folk er kanskje også besatt av djevelene fordi de spør etter Guds gaver og makt mens de ikke prøver å bli kvitt deres ondskap. Nye troende skulle derfor være sammen med spirituelle ledere som kan drive ut djevelene i Jesus Kristus navn, når de vil gå opp til et bedefjell, og da vil de kunne be uten noen som helst hindring.

Drive ut djevelene i Jesus Kristi navn

Det er det samme for prester og kirkenes tjenestemenn når de besøker kirke medlemmer. De må først drive ut djevelene gjennom forstandige spirituelle ting, og de som mottar besøksrett vil da kunne åpne opp deres hjerter, og motta Guds nåde og beholde troen ved deres budskap. Besøket vil kanskje fremdeles bli forstyrrende hvis du besøker et kirkemedlem uten å drive ut fienden Satan i forveien. Medlemmet som du besøker vil kanskje ikke åpne opp hans eller hennes hjerte slik at han ikke klarer å motta nåde og tro. Den med spirituelle øyne som åpnes lett ser lett forskjell og kan derfor forhindre de onde åndene. Noen er totalt besatt av djevelene, men i de fleste tilfeller, er folk delvis kontrollert av djevelene i deres tanker.

De oppfører seg mot sannheten når Satan arbeider i deres tanker fordi de fremdeles har svak tro eller rester av deres syndige natur som utroskap, tyveri, lyving, sinthet, sjalusi og misunnelse i dem. Menneskers hjerte kan forandres når de hører beskjeden levert av en prest som har nok spirituell makt til å drive ut djevelene i Jesus Krisus navn.

Mennesker vil gråtende angre, fordi de er sterkt påvirket i deres hjerter eller innser deres synd mens presten leverer beskjeden med makten som Gud har gitt ham. De vil også bli gitt sterk tro og styrke til å kjempe mot syndene. Etter et par måneder, kan de se hvor mye de har forandret deres karakter og tro. På denne måten er det mulighet for dem å til og med forandre sannhetens natur.

I de fire evangeliene, ser du at mange mennesker var forvandlet i deres naturlighet etter at de møtte Jesus. For eksempel, selv om apostelen Johannes var slik en illsint mann først og ble kalt tordenets sønn (Markus 3:17), ble han forandret til å bli kalt "kjærlighetens apostel" siden han møtte Jesus.

I likhet, en mann med fullstendig tro kan forandre andre mennesker på samme måte som Jesus gjorde. Han kan også drive ut djevlene i Jesus Kristus navn fordi han har makt til å regjere over fienden Satan.

Hvordan en kan drive ut djevelene

Det er forskjellige måter å drive ut djevelene på. Noen ganger forsvinner det med en gang ved bønn, og andre ganger vil det ikke forsvinne selv om du ber hundre ganger. Hvis en med tro blir besatt av djevelen fordi Gud snur ryggen til ham etter at han har sviktet Ham på en eller annen måte, vil djevelen i ham lett bli drevet ut når han mottar bønn etter at han angrer gråtende. Dette er på grunn av at han allerede har tro og kjenner Guds ord.

I hvilket tilfelle er det vanskelig å drive ut djevelene, selv med mange bønner? Det er når en veldig ond djevel har en som ikke har noen tro og ikke kjenner sannheten. I en slik situasjon, er det ikke lett for ham å ha tro mens han er besatt av djevelen fordi ondskapen sitter altfor dypt i ham. For å kunne sette ham fri, må noen hjelpe ham med å oppnå troen, forstå sannheten, angre og ødelegge veggen med synd.

Det er også et problem i foreldrenes liv i Kristus, deres elskede barn kan bli besatt av djevelen. I et slikt tilfelle, ville ikke barnet bli frigitt fra djevelen til foreldrene angret på deres synder, mottar frelse og holder fast på deres tro.

Det er en måte å også bli påvirket av mørkets makt. Du kan kanskje se at noen leder et pinefult liv i troen på grunn av at han har vanskeligheter med å åpne sitt hjerte, og verdslige tanker, tviler, og utmattelse forhindrer ham i å høre på budskapet selv om han virkelig prøver.

Slik en situasjon kan oppstå fordi mørkets makt kan arbeide med ens familie hvis hans forfedre trofast tjente idoler eller hans foreldre er trollmenn eller tilbeder idoler. Djevelen vil likevel forlate ham slik at han og hans familie vil bli frelst når han blir forvandlet til lysets barn ved å flittig høre på Guds ord og be ivrig.

Men Gud hater avgudsdyrkere så mye at det er en tykk vegg med synd mellom Gud og avgudsdyrkerne. Som resultat, burde han fortsette med å kjempe med seg selv for å leve i sannheten til han river ned veggen til all ondskapen. Han kan fort bli fritatt, avhengig av hvor intenst han ber og hvor mye han forandrer seg.

Unntak hvor djevelene nekter å gi seg

I hvilke tilfeller nekter djevelen å forlate selv om en befaler i Jesus Kristi navn?

Djevelene nekter å forlate hvis en person trodde på Herren før, men hans samvittighet har blitt brent akkurat som med et varmt jern etter at han hadde vendt seg bort fra Herren. Han kan ikke komme tilbake til Herren selv om han prøver, fordi hans gode samvittighet har blitt fullstendig erstattet med løgner.

Det er derfor vi finner i Johannes 5:16, *"Der er synd til døden; det er ikke om den jeg sier at han skal bede."* Med andre ord, Gud svarer ham ikke selv om han ber.

Hva er en synd som fører til døden? Det er blasfemi eller motsigning mot den Hellige Ånd. En som begår en slik synd kan ikke bli tilgitt i hverken denne eller den neste generasjonen. Slik en mann kan derfor ikke bli frelst selv om han ber iherdig.

I Matteus 12:31 forteller Jesus oss at blasfemi mot den Hellige Ånd kan ikke bli tilgitt. Blasfemi mot Ånden menes det samme som å forstyrre arbeidet til den Hellige Ånd med et ondt sinn, dømme og vrake det etter hans egen vilje. For eksempel, det er blasfemi når mennesker dømmer kirken hvor Guds arbeide foregår som "kjetteri," lager falske påstander og sprer rykter om den kirken (Markus 3:20-30).

Jesus sa også i Matteus 12:32, *"Og om noen taler et ord mot Menneskesønnen, det skal bli ham forlatt; men om noen taler mot den Hellige Ånd, det skal ikke bli han forlatt, hverken i denne verdenen eller i den kommende."* Igjen i Lukas 12:10 minner Jesus oss om, *"Og hver den som taler et ord mot menneskesønnen, han skal det bli forlatt; men han som taler bespottelig mot den Hellige Ånd, ham skal det ikke bli forlatt."*

Enhver person som imotsier Menneskesønnen, fordi han gjør så uten å kjenne Ham, kan bli tilgitt hans synder. Men, en som spotter Gud og imotsier den Hellige Ånd kan ikke bli tilgitt og vil gå mot døden fordi han hindrer Guds arbeide og spotter Ånden selv om han allerede har akseptert Jesus Kristus og mottat den Hellige Ånd. Du må derfor ikke synde mot Ånden ved å bespotte den og imotsi den Hellige Ånd, med forståelse på at disse syndene er altfor alvorlige til å gi tilgivelse, og enda mindre frelse.

Hebreerne 10:26 forteller oss at hvis en mann fortsetter å synde med vilje selv etter at han har mottat kunnskapen om sannheten, er det ikke noen ofring for synden tilbake. Han kjenner godt til hva synd er gjennom Guds ord og han skulle heller ikke begå onde ting.

Men hvis han begår synd med hensikt og med vilje, da vil hans samvittighet gradvis bli ufølsom til synder og brendt akkurat som med et varmt jern. På slutten vil han bli sviktet fordi han ikke kan motta ånden med angerfølelse.

Dessuten, til de som en gang har vært opplyst, som har smakt på den himmelske gaven, som har deltatt i den Hellige Ånd, og som har smakt på godheten til Guds ord og makten til den kommende generasjonen, den angrende ånden vil ikke bli gitt etter "de har falt vekk" fordi det ville bety å korsfeste Guds Sønn en gang til og utsette Ham for offentlighet skam (Hebreerne 6:4-6).

Til slike individer som har mottat den Hellige Ånd, som har kunnskapen om himmelen og helvete, og kunnskapen om Guds Ord, men som fremdeles er fristet av verdenen, som faller og vanærer Guds ære, er det ingen form for anger som vil bli gitt.

I unntakelse av flere ovennevnte tilfeller, hvor Gud ikke kan gjøre annet enn å snu ryggen, kan du herske over fienden Satan og djevelen. Det er derfor at du ikke kan drive ut djevelen når du gir dem ordre i Jesus Kristi navn.

Be intenst mens du lever i fullstendig sannhet

Hvor fortvilet vil ikke Guds tjenere og arbeidere bli hvis djeveler ikke forsvinner selv om han eller henne gir dem ordre til i Jesu Kristi navn? Derfor vil du naturligvis trenge makt til å regjere og kontrollere fienden Satan og djevelen. For å kunne gi tegn til de som tror, må du nå stadiet hvor du tilfredstiller Gud ikke bare ved å fullstendig overholde sannheten med Guds kjærlighet av hele ditt hjerte, men også ved å be ofte og intenst.

Kort tid etter at jeg hadde startet min kirke, en ung mann grepet av epilepsi kom fra Gang-won området for å møte meg etter at han hadde hørt om nyhetene om min helbredende prestetjeneste. Selv om han trodde at han hadde tjent Gud godt som en søndagsskolelærer og et medlem av kirkekoret, prøvde han ikke å bli kvitt hans synder, men istedenfor fortsatte han med å begå synder fordi han var forferdelig arrogant. Som et resultat, en ond djevel gikk inn i hans svertede sinn og mannen led forferdelig av det.

Helbredelsens arbeide var åpenbart på grunn av hans fars alvorlige bønner og hengivenhet til hans sønn. Når jeg oppklarte identitet til djevelen og drev den ut med bønner, den unge mannen falt bevisstløst bakover samtidig som det kom dårlig luktende skum fra hans munn. Den unge mannen kom tilbake hjem etter at han rustet seg med Guds ord i min kirke og ble en ny person med Kristus. Senere, hørte jeg at han tjente hans kirke trofast og ga vitne om hans helbredelse.

I tillegg er det nå for tiden mange mennesker som har blitt satt fri fra djevelene eller mørkets makt utenfor grensen gjennom mine bønner mens jeg satt på et lommetørkle og ba.

Ved en anledning, en ung mann fra Ul-san, Kyungnam området ble julet opp noe forferdelig av en aristokrat og hans venner i løpet av hans først år i videregående skole, fordi han nektet å røyke med dem. På grunn av dette led den unge mannen forferdelig av dype smerter, ble omsider besatt av djevelen, og ble hospitalisert på et mentalsykehus i syv måneder. Men han ble satt fri fra djevelene etter at han mottok bønnene som jeg hadde bedt om når jeg satt på lommetørkledet. Han fikk sin helse tilbake og er nå en kjempefin tjener i hans egen kirke.

Slikt arbeide foregår også utenlands. For eksempel, en legmann i Pakistan hadde lidd av en ond ånd i fire år, men han ble løslatt fra det gjennom bønnen med lommetørkle, og mottok den Hellige Ånd og gaven til å prate i tunger.

2. Snakke med Nye Tunger

Det andre tegnet forbundet med de som trodde er å kunne prate i nye tunger. Hva menes det egentlig med å prate i nye tunger?

Paulus' 1. brev til korintierne 14:15 sier, *"Jeg vil bede med ånden, men jeg vil også bede med forstanden; jeg vil lovsynge med ånden, men jeg vil også lovsynge med forstanden."* Du vil kunne se at ånden er forskjell fra sinnet. Hvilken forskjell er det derfor mellom ånden og sinnet?

Det er to slags sinn i ens hjerte: sinnet med sannheten og sinnet med løgnen. Sannhetens sinn er ånden, et rent sinn. Løgnenes sinn er kjødelig, et skittent sinn. Etter at du aksepterer Jesus Kristus, blir ditt hjerte fylt med ånd etter hvert som du ber og kaster bort alle syndene ved å leve etter Guds Budskap, fordi løgnen er veldig ødelagt. På slutten blir ditt hjerte fylt med ånd litt etter hvert, uten at noe løgn er igjen når du når troens fjerde nivå med å elske Gud på det høyeste. Videre, hvis du har tro som tilfredstiller Gud, er ditt hjerte fylt helt med ånden, og dette er kalt "hele ånden." På dette stadiet er ditt sinn ånden og ånden er ditt sinn.

For å snakke med nye tunger

Når slik en ånd inne i deg ber til Gud i inspirasjon av den Hellige Ånd, er det kalt "bønn i tunger." Bønn i tunger er en samtale mellom deg og Gud og det er derfor veldig fordelaktig for ditt liv med Kristus fordi fienden Satan ikke kan overhøre det.

Gaven til å kunne prate i tunger er vanligvis gitt til Guds barn når han eller henne tilitsfullt ber med rikdommen av den Hellige Ånd. Gud vil gi denne gave til alle Hans barn.

Når du ber iherdig i tunger, vil du ubevisst kunne synge en sang i tunger, danse, eller til og med lage en rytmisk bevegelse med inspirasjon av den Hellige Ånd. Til og med en som ikke vanligvis er god til å synge kan synge veldig godt og til og med en som vanligvis ikke er god til å danse kan danse bedre enn profesjonelle dansere fordi den Hellige Ånd styrer hele personen.

Dessuten ville en ha en ny spirituell erfaring gjennom samtaler i forskjellige tunger når han går videre inn på et dypere nivå. Dette er kalt "prating med nye tunger." Du vil kunne prate i tunger umiddelbart når du ber i tunger på troens femte nivå.

Kraftig nok til å drive ut fienden Satan

Prating i nye tunger er så mektig at fienden Satan frykter det og forsvinner. Hva hvis du møter en forbryter som prøver å stikke deg ned med en kniv. På det tidspunktet, kan Gud forandre hans sinn eller la en engel stivne hans arm hvis du ber i nye tunger.

Også, hvis du føler deg urolig eller gjerne vil be mens du er på vei et sted, er det på grunn av at Gud overbeviser ditt sinn gjennom den Hellige Ånd; Han vet allerede at det er en ulykke i sikte.

Når du ber med lydighet til den Hellige Ånds arbeide, vil du derfor kunne unngå en uventet katastrofe eller en ulykke fordi fienden djevelen forsvinner ifra deg og Gud leder deg til å unngå den.

Derfor, ved å prate i nye tunger er du beskyttet og kan unngå prøver og vanskeligheter hjemme, på arbeide eller i foretningen, eller alle andre steder uten forstyrrelse av fienden Satan og djevelen.

3. Plukke Opp Slanger Med Dine Hender

Det tredje tegnet forbundet med de som tror, er å plukke opp slanger med bare hendene. Hva refereres så "en slange" til?

La oss kikke i første Mosebok 3:14-15:

Da sa Gud Herren til slangen: "Fordi du gjorde

dette, så skal du være forbannet blant alt feet og blant alle de ville dyr. På din buk skal du krype, og støv skal du ete alle ditt livs dager. Og jeg vil sette fiendeskap mellom deg og kvinnen og mellom din slekt og hennes slekt; den skal knuse ditt hode, men du skal knuse dens hæl."

Det er en scene hvor slangen blir forbannet for å ha lokket Eva. Her refererer "kvinnen" spirituelt til Israel, og "hennes frø" til Jesus Kristus. Derfor at kvinnens frø "[skader slangens] hode" menes at Jesus Kristus vil bryte dødens autoritet som tilhører fienden Satan og djevelen. Å si at "slangen vil skade hans hæl" varsler fienden Satan og djevelens korsfestelse av Jesus.

Det er også veldig tydelig at "slangen" refererer til fienden Satan og djevelen fordi i Johannes' åpenbaring 12:9 står det, *"Og den store drage ble kastet ned, den gamle slange, han som kalles djevelen og Satan, han som forfører hele jorderike. Han ble kastet ned på jorden, og hans engler ble kastet ned med ham."*

"Å plukke opp slanger" menes derfor med at du har kommet for å dele striden med fienden Satan og ødelegge det i Jesus Kristi navn.

Å ødelegge Satans synagoge

Vi finner de følgende versene i Johannes' åpenbaring:

"Jeg vet om din trengsel og din fattigdom – men du er rik – og spotten får dem som sier de er jøder, og

ikke er det, men er Satans synagoge" (2:9).

"Se, jeg lar noen av Satans synagoge komme, av dem som sier de er jøder, og ikke er det, men lyver. Se, jeg vil gjøre så at de skal komme og falle ned for dine føtter og kjenne at jeg elsker deg" (3:9).

Her, refererer Gud spirituelt til "jødene" som alle de som tror på Gud. De "som påstår at de er jøder" refererer til de menneskene som hindrer Guds arbeide, dømmer og klandrer de på grunn av at Guds arbeide ikke er akseptert med deres tanker, og hater og grubler mellom seg selv på grunn av misunnelse og sjalusi.

"Satans synagoge" antyder to eller flere mennesker som kommer sammen og prater dårlig om andre løgnaktig, og lager problemer i kirken. Et par menneskers grubling forderver mange mennesker og så blir Satans synagoge til slutt opprettet.

Konstruktive forslag og anmodninger må selvfølgelig bli akseptert for utvikling av kirken. Det er imidlertidig Satans synagoge, hvis noen av kirkemedlemmene kjemper mot Guds tjenere, deler kirken med en gyldig grunn, og formerer en gruppe imot sannheten.

Selv om kirker burde være fylt med kjærlighet og hellighet og bli forenet i sannheten, er det mange kirker hvor bønnene og kjærligheten er kjølig, vekkelsesmøter tar slutt, og Guds rike ikke står helt fast, alt på grunn av Satans synagoge.

Satans synagoge kan imidlertid ikke anvende dens makt når du erkjenner den med femte nivåets Gud-velsignede tro.

Satans synagoge har aldri vært i min kirke siden den ble

åpnet. I mine tidligere dager i min tjeneste, kunne det kanskje ha oppstått gjennom noen mennesker som hadde deres tanker kontrollert av Satan fordi kirkemedlemmene ikke var rustet med sannheten ennå.

Men i alle tilfeller viste Gud det til meg og lot meg ødelegge det gjennom budskapet. På denne måten ble hvert forsøk på å utvikle Satans synagoge ødelagt. Men nå til dags kan medlemmene i min kirke klart og tydelig se forskjell på sannhet og løgn. De som gikk i kirken i all hemmelighet for å danne Satans synagoge drar derfra eller angrer fordi noen av dem har fremdeles gode hjerter. På samme måte kan ikke Satans synagoge bli dannet når ingen handler enstemmig.

4. Ingen Dødelig Gift Skader Deg I Det Hele Tatt

Det fjerde tegnet forbundet med de som tror er at når de drikker dødelig gift, vil det ikke skade dem i det hele tatt. Hva menes dette spesielt?

I Apostelens gjerninger 28:1-6 er det en episode hvor apostelen Paulus ble bitt av en huggorm på øyen Malta. Øyboerne forventet at han skulle svulme opp eller plutselig falle om død, men han led ingen skadelige følger. Etter at de hadde ventet i lang tid og sett at ikke noe uvanlig hadde skjedd med Paulus, øyebeboerne forandret deres mening og sa at han var en gud (v. 6). Det var på grunn av at Paulus hadde en perfekt tro slik at selv en huggorms gift ikke kunne skade ham.

Selv om en huggorm biter deg

Mennesker med en perfekt tro vil ikke bli syke eller bli smittet av noen bakterier, viruser, eller gift, selv om de fortærte det ved en tilfeldighet, fordi Gud brenner giften med ilden til den Hellige Ånd.

Men hvis de drikker det med vilje, kan de ikke bli beskyttet, fordi de prøver da å teste Gud. Han aksepterer ikke at noen prøver Ham untatt for den tiendedelen. Men du vil kanskje spise gift gjennom matforgiftning som hadde til hensikt å skade deg.

Videre, en mann kan også gi en kvinne drikke med sovepulver i med formål om å friste henne, eller eterisere noen for å kidnappe ham eller stjele penger fra ham. Selv ved disse begivenheter, en med perfekt tro ville blitt beskyttet og ikke blitt skadet fordi at giftene ville blitt nøytraliserte av ilden til den Hellige Ånd.

Ilden til den Hellige Ånd brenner all slags gift

Mot slutten av mitt tredje år på det teologiske seminaret, følte jeg en skarp smerte i min mave etter at jeg hadde drukket noe mens jeg gjorde meg ferdig til mitt første vekkelses møte. Jeg følte en lindring etter at jeg ba ved å putte hendene på min mave og jeg tømte maven ved å få magesyke. Jeg visste ikke at det hadde inneholdt giftige saker til dagen etter.

En gang ble jeg igjen for å be i Jochiwon, Choongchung område. Det var et universitet i nærheten av stedet jeg besøkte og ofte var det demonstrerende studenter og politiet brukte tåregass for å kue dem. Selv når folk rundt meg led mye av pustevanskeligheter, erfarte jeg ikke noen slike vanskeligheter. I de tidligere dagene i prestetjenesten, levde min familie i kjelleren i min kirkebygning. På de tiden brukte koreanerne kullbriketter for varme. Min familie led mye av karbonmonoksid gass spesielt på overskyede dager på grunn av liten luft sirkulasjon. Men likevel led jeg aldri av den giftige gassen. Den Hellige Ånd oppløser all slags giftige stoffer selv om det blir gitt til en som har Gud tilfredstillende tro, ved at den Hellige Ånd i Hans helhet går inn i og rundt om i personens kropp.

5. De Syke Er Helbredet Når du Legger Dine Hender På Dem

Det femte tegnet forbundet med de som tror er at når de legger deres hender på de syke, blir de syke helbredet. Med Guds nåde, dette tegnet ledsagde meg selv før jeg startet min prestetjeneste. Etter grunnlegging av kirken min, mange mennesker har blitt helbredet og lovpriset Gud.

Nå for tiden, selv om jeg ikke kan sette mine hender på hvert eneste medlem i min kirke, ber jeg bare for de syke fra min prekestol. Men likevel har mange mennesker blitt helbredet og svake har blitt friske og sterke gjennom bønner.

I tillegg til dette, under den årlige To Ukers Vekkelses Møte som ble holdt hver mai måned helt til 2004, forskjellige sykdommer fra leukemi, lammelse, og til kreft ble helbredet. Videre har de blinde kommet for å se, de døve for å høre, og de lamme for å gå. Gjennom disse fantastiske verk fra Gud, har mange mennesker møtt den levende Gud.

Men hvorfor er det fremdeles mennesker som ikke kan motta svar midt i de åpenbare arbeidene til den Hellige Ånd, hvor bakterier blir brent og de syke og svake blir helbredet? Først må vi huske at når en mottar bønn uten å ha tro, kan han ikke bli helbredet. Det er bare riktig at han ikke skal motta svar hvis han ikke har tro fordi Gud arbeider i henhold til hver enkelt persons tro. Deretter, kan en ikke bli helbredet, selv om han har tro, når han er i besittelse av veggen med syndene. I dette tilfelle, kan han bare bli helbredet når han mottar bønner etter at han har angret på hans synder og gått tilbake til Gud.

Det er en ting til som du må vite om: Selv om en helbreder en syk person med bønn, kan du ikke anse han for å være i besittelse av troens femte nivå. Du er istand til å helbrede folk hvis du har gaven til å helbrede, selv om du er på troens tredje nivå.

Noen på troens andre nivå helbreder også ofte mennesker gjennom bønner når han er fylt med den Hellige Ånd, fordi han kan komme inn på troens fjerde eller femte nivå for en kort periode. Dessuten er bønnene til en rettferdig mann eller bønnene fra kjærlighet så mektige og effektive at Guds arbeide kan bli åpenbart (Jakobs brev 5:16).

På samme tid er det grenser for slike saker. Sykdommer på grunn av bakterier eller viruser som milde sykdommer, kreft, og forbruk kan bli helbredet, men slike store verk fra Gud som å la de lamme gå eller de blinde se kan ikke bli fullført.

Selv om djeveler var drevet ut med kjærlighetens bønner eller helbredelses gave, er det ganske sannsynlig at djevelene vil komme tilbake senere. Men når en person som har en tro på femte nivået driver ut djevelene, kommer de ikke tilbake.

De sier derfor at du er på troens femte nivå bare når du kan helhjertet vise at du har disse fem forskjellige slags tegn samlet. Du kan også vise mektigere autoritet, makt, og gaver fra den Hellige Ånd hvis du befinner deg på dette stadiet.

På dette tidspunktet hvor mange mennesker er fullstendig vanæret med ondskap og synd, vil de ganske sansynelig bare ha tro når de ser flere mektige under og tegn enn mennesker på Jesus tid.

Det er derfor at Gud vil at Hans barn ikke bare skal ha spirituell og fullstendig tro, men også vise tegn til de som tror, slik at de kan lede utallige mennesker mot frelsens vei.

Du burde prøve å motta styrke, autoritet, og makt når du vet at du kan gjøre hva Jesus gjorde og til og med større ting enn Hans verk hvis du har Kristus tro som tilfredstiller Gud.

Måtte du i høy grad utvide Guds rike og få Hans rettferdighet med denne type tro så fort du kan og for alltid skinne i himmelen akkurat som solen, i Jesus Kristi navn jeg ber!

10. kapittel

Forskjellige Himmelske Bosteder og Kroner

1
Himmelen Besatt Bare Av Troen

2
Himmelen Har Blitt Rammet Av Vold

3
Forskjellige Bosteder og Kroner

"Deres hjerte forferdes ikke!
Tro på Gud og tro på meg!
I min Faders hus er det mange rom;
var det ikke så, da hadde jeg sagt dere det;
for jeg går bort og bereder deres sted;
og når jeg har gått bort og beredt deres sted,
kommer jeg igjen og vil ta dere til Meg,
forat også dere skal være der jeg er."

(Johannes' evangelium 14:1-3)

For en olympisk idrettsutøver å vinne gull, må være et dypt og rørende øyeblikk. Han ville vinne gullmedaljen ikke bare ved tilfeldighet, men etter en lang tid med hard trening for å forbedre dyktighetene og avholde seg fra hans hobbier eller yndlings mat. Han kan tåle all den harde treningen fordi han hadde et sterkt ønske om å få gullmedalje og visste at hans anstrengelser ville bli rikelig belønnet.

Det er det samme med oss kristne. I den spirituelle kampen for det himmelske rike, må vi kjempe for den gode kampen om troen, banke våre kropper, og la dem slave for å kunne seire og få den endelig premien. Mennesker i denne verdenen gjør alt for å kunne motta verdens premier og ære. Hva så skulle du gjøre for å motta æresprisen i himmelens evige rike?

Bibelen sier i Paulus 1. brev til korintierne 9:24-25, *"Vet dere ikke at de som løper på rennebanen, de løper vel alle, men bare en får prisen? Løp da således, forat dere kan vinne den. Hver som er med i veddekamp, er avholdende i alt, hine for å få en forgjengelig krans, men vi en uforgjengelig."*

Dette avsnittet oppfordrer oss til å være selvbehersket i alle ting og med å springe uten å stoppe, og lengter etter den ære som du snart vil nyte.

La oss undersøke i detaljer hvordan du kan ha æren til himmelens rike, og hvordan du kan nå et bedre oppholdssted i himmelen.

1. Himmelen Besatt Bare Av Troen

Det er mange mennesker som, selv om de har ære og makt, rikdom og velstand og mye kunnskap, ikke kjenner til hvor menneskene kommer fra, hva han lever for, og hvor han er på vei. De simpelthen tror at fra fødselen, folk spiser, drikker, går til skolen, arbeider, gifter seg, og lever til de til slutt bare er støv igjen.

Men de av Guds mennesker som aksepterer Jesus Kristus tenker ikke på den måten. De vet at deres sanne Fader som gir dem liv er Gud, fordi de er overbevist om at Han skapte det første menneske Adam og lot ham få hans etterkommere ved å gi ham livets frø. De lever derfor for å lovprise Gud enten de spiser, drikker, eller gjør noe annet fordi de vet hvorfor Gud skapte mennesker og lot dem bo i denne verdenen. De lever også ifølge Guds vilje fordi de vet hvordan de vil bli frelst, gå til himmelrike, og få evig liv, eller hvordan de kan bli straffet i den evige helvetesilden.

De som har tro er Guds barn med himmelens borgerskap. Han vil at de godt skal kjenne til himmelrike og bli fylt med håp for deres hjem, fordi jo mere folk kjenner til himmelrike, det flittigere kan de leve med tro i livet.

Du kan ha himmelen bare ved tro og det er derfor bare de som er frelst som vil komme dit. Selv om du har mange penger og mye ære og makt, kan du ikke komme med bare dine egne krefter. Bare de som har rettighetene til Guds barn ved å akseptere Jesus Kristus og lever etter Hans ord kan komme til himmelen og nyte evig liv og velsignelser.

Frelse i det Gamle Testamentets tider

Vil det si at de som ikke kjenner noe til Jesus ikke kan bli frelst? Nei, det er ikke tilfelle. Akkurat som det Gamle Testamentets tider var loven på den tiden, mennesker mottok frelse avhengig av om de levde etter loven eller ikke, Guds ord. Men i det Nye Testamentets tider etter at døperen Johannes kom til denne verden og vitnet til Jesus Kristus, har folk blitt frelst ved troen på Jesus Kristus.

Til og med i vår tid, kan det være noen mennesker som ikke har akseptert Jesus Kristus fordi de ennå ikke har hatt en sjanse til å høre om Ham. Slike mennesker vil bli dømt av deres samvittighet (Angående mere om dette, venligst referer til Korsets Budskap). Nå for tiden virket det som om mange mennesker feiltolket Guds vilje vedrørende frelse. De misforsto at de bare kunne bli frelst hvis de erkjente deres tro med deres lepper, ved å si, "Jeg tror på Jesus Kristus som en frelser," fordi i det Nye Testamentets tider, Gud gir dem frelsens nåde gjennom Jesus Kristus. Disse menneskene tenker at de ikke behøver å prøve å leve etter Hans ord og å synde er virkelig ikke noe problem, men det er fullstendig feilaktig.

Hva så menes det med å bli frelst av gjerninger i det Gamle Testamentets tider eller å bli frelst ved troen i det Nye Testamentets tider?

Jesus kom ikke til denne verdenen for å frelse de som ikke lever etter Guds ord; Han kom for å hjelpe menneskene til å leve ifølge Guds ord både i gjerninger og i deres hjerter.

Det er derfor Jesus erklærer i Matteus 5:17 at, *"Dere må ikke tro at jeg er kommet for å oppheve loven eller profetene; jeg er ikke kommet for å oppheve, men for å oppfylle."* Han minner oss også på at hvis noen begår synd i sitt hjerte, har han allerede begått en synd: *"Dere har hørt at det er sagt: 'Du skal ikke drive hor'; Men jeg sier dere at hver den som ser på en kvinne for å begjære henne, har alt drevet hor med henne i sitt hjerte"* (Matteus 5:27-28).

Frelse i de Nye Testamentets tider

I løpet av de Gamle Testamentets tider, selv om noen begikk utroskap i deres hjerte, ble han ikke sett på som å ha syndet med mindre han syndet i handlemåte. Bare når han med handling begikk utroskap ble han sett på som en synder. På grunn av dette, stenet folk ham til døden bare når han begikk utroskap med handling (Femte Mosebok 22:21-24). På samme måte, i det Gamle Tetamentets tider, hvis noen var veldig hensynsløse og ondskapsfulle i sitt hjerte, hadde til hensikt å drepe noen eller stjele noe i hans tanker, men virkelig ikke gjøre det i handlinger, kan han bli frelst fordi han ikke ble sett på som skyldig av synden.

Så la oss se på Johannes' 1. brev 3:15 for å kunne forstå hva det menes med å bli frelst av troen til de Nye Testamentets tider: *"Hver den som hater sin bror, er en manndraper, og dere vet at ingen manndraper har evig liv blivende i seg."*

I det Nye Testamentets tider, selv om folk ikke synder i gjerninger, kan han ikke bli frelst hvis han synder i hans hjerte, fordi det er det samme som å synde utenpå.

Derfor i de Nye Testamentets tider, hvis noen har til hensikt å stjele, er han allerede en tyv; hvis noen ser på en kvinne med begjær, er han allerede utro; og hvis noen hater sin bror og hans hensikt er å drepe ham, er han ikke noe bedre enn en morder. Ved å vite dette klart og tydelig, må du motta frelse ved å vise Gud din tro i gjerninger uten å synde i ditt hjerte.

Kaste vekk den syndige naturs gjerninger og begjær

I Bibelen, kan du ofte finne betegnelser som "den syndige natur," "kjødelig," "de kjødelige ting," "de kjødlige gjerninger," "kroppens synd," "syndens masse," og så videre. Det er likevel veldig vanskelig å finne noen som kjenner til disse betegnelsenes sanne mening til og med blandt de troende.

Ifølge ordboken, er det ingen forskjell i meningen "kjødelig" og "kropp," men ifølge Bibelen, har de forskjellige spirituelle meninger. For å kunne gripe fatt i den spirituelle meningen med disse betegnelsene, trenger du først å kjenne utviklingen hvordan synden først oppsto i menneskene.

Det første menneske som en levende ånd var en spirituell person uten noen som helst troløshet fordi Gud hadde bare lært ham om livets kunnskap. Døden kom når han ble syndig med ulydighet ved å ta frukten fra treet med kunnskapet om det gode og det onde fordi han ikke holdt Guds befaling i hans sinn (Paulus' brev til romerne 6:23).

Når ånden, som hadde spilt rollen som hans leder, døde, kunne ikke Adam lenger kommunikere med Gud. Dessuten, som en skaper måtte han frykte Gud Skaperen og holde Hans ord, men han kunne ikke engang utføre menneskenes hele forpliktelse slik. Han ble drevet ut av Edens Have og måtte leve i denne verdenen, gjennom tårer, sorg, lidelser, sykdommer, og død. Han og hans etterkommere begikk synder ettersom de gradvis ble ondere, generasjon etter generasjon.

I denne prosessen med å bli fordervet med synd, når livets kunnskap som originalt ble gitt av Gud er fjernet fra mannen, kaller vi denne tilstanden "kropp," og når syndige egenskaper kommer sammen med denne "kroppen," kaller vi det "kjødelig."

Derfor er "det kjødelige" en fellesbetegnelse som refererer til de usynlige, men skjulte egenskaper i ens hjerte, som kan utvikle seg til handlinger selv om en ikke virkelig utfører dem. Dessuten, når vi deler og kategoriserer det kjødelige inn i detaljerte egenskaper, kaller vi dem "det kjødelige begjæret."

For eksempel, slike egenskaper som misunnelse, sjalusi, og hat er usynlige, men kan bli demonstrert i gjerninger til enhver tid så lenge de forblir i ditt hjerte. Det er derfor Gud også ser på dem som synd.

På denne måten, hvis du ikke blir kvitt det kjødelige begjæret, blir de avslørt i gjerningene, og når det kjødelige begjæret blir avslørt i gjerninger, kaller vi dem "de kjødelige gjerningene." I motsetning, når de detaljerte gjerningene til den syndige natur blir satt sammen, blir de kalt "det kjødelige."

Med andre ord, når vi deler det kjødelige inn i detaljerte handlinger, kaller vi dem "de kjødelige handlingene." Hvis du har noen som helst hensikt med å mishandle noen, et slikt hjerte tilhører "det kjødelige begjæret," og hvis du virkelig slår ned den personen, er det "de kjødelige gjerningene."

Hva er den spirituelle meningen med "kjødelig" som angitt i første Mosebok 6:3?

Da sa HERREN, "Min Ånd skal ikke alltid kjempe

for menneskene, fordi han er også kjødelig."

Dette verset minner oss om at Gud ikke vil være sammen med mennesker som ikke lever etter Hans ord, og som begår synder og blir "kjødelige." Bibelen forteller oss, derimot, at Gud var alltid med spirituelle mennesker som Abraham, Moses, Elias, Noa, og Daniel, som bare søkte etter sannheten og levde etter Guds Ord. Derfor, ved å vite at de kjødelige menneskene som ikke lever ifølge Guds ord ikke kan bli frelst, burde du kjempe hardt med å fort kaste bort ikke bare de kjødelige gjerningene, men også det kjødelige begjæret.

De kjødelige menneskene vil ikke arve Guds rike

Siden Gud er kjærligheten, gir Han rettigheten til å bli Hans barn og den Hellige Ånd som en gave til de som innser at de er syndere, angrer på deres synder, og aksepterer Jesus Kristus som deres Frelser. Når du mottar den Hellige Ånd i gave og føder ånden fra den Hellige Ånd, er din døde ånd gjenopplevet.

Du kan derfor motta frelse og få evig liv fordi du ikke lenger er et kjødelig menneske, men et åndelig menneske. Men hvis du fortsetter med å leve med de kjødelige gjerningene, vil du ikke bli frelst fordi Gud ikke vil være hos deg.

De kjødelige gjerningene er beskrevet i detaljer i Galaterbrevet 5:19-21:

Men kjødets gjerninger er åpenbare, såsom: utukt, urenhet, skamløshet, avgudsdyrkelse, trollmenn, fiendeskap, kiv, avind, vrede, stridigheter, tvedrakt, partier, misunnelse, mord, drikke, svir og annet slikt; om dette sier jeg dere forut, likesom jeg og forut har sagt, at de som gjør sådant, skal ikke arve Guds rike.

Jesus forteller oss også i Matteus 7:21, *"Ikke enhver som sier til meg: Herre! Herre! Skal komme inn i himmelens rike, men den som gjør min himmelske Faders vilje skal komme inn."* Videre, ved å fortelle oss gang på gang i Bibelen at den urettferdige som ikke lever etter Hans vilje, men begår de kjødelige gjerningene ikke kan komme til himmelen, vil Gud at alle skal motta frelse bare ved å nå himmelen.

Hvis du vil motta frelse ved troen

I Paulus' brev til romerne 10:9-10 står det, *"For dersom du med din munn bekjenner at Jesus er Herre, og i ditt hjerte tror at Gud oppvakte ham fra de døde, da skal du bli frelst; for med hjerte tror en til rettferdighet, og med munnen tror en til frelse."*

Den type tro som Gud vil ha er den type hvor du tror med ditt hjerte og tilstår med din munn. Med andre ord, hvis du virkelig tror i ditt hjerte at Jesus ble vår Frelser gjennom oppstandelse den tredje dagen etter Hans korsfestelse, er du rettferdiggjort ved å kaste bort syndene og leve etter Guds Ord. Når du tilstår med din munn mens du lever på denne måten i henhold til Hans vilje, kan du bli frelst på grunn av at din tilståelse er sann.

Det er derfor det står i Paulus' brev til romerne 2:13: *"For ikke de som hører loven, er rettferdige for Gud, men de som gjør etter loven, skal bli retferdiggjort."* Skriftene i Bibelen forteller oss også i Jakobs brev 2:26, *"For likesom legemet er dødt uten ånd, så er og troen død uten gjerninger."*

Du kan vise din tro gjennom dine gjerninger bare når du tror på Guds ord i ditt hjerte, ikke når du oppbevarer det som et stykke kunnskap. Når kunnskapen er lagt i ditt hjerte, gjerningene vil følge.

Hvis du derfor hadde vært en hater før, kan du nå bli omgjort til en som elsker andre. Hvis du hadde vært en tyv, kan du bli omgjort til en som ikke lenger stjeler. Hvis du fremdeles lever i mørket med kjærlighet for verden og du erkjenner din tro bare med din munn, er din tro død fordi den har ingenting med frelse å gjøre.

Det er også skrevet i Johannes' 1. brev 1:7, *"men dersom vi vandrer i lyset, likesom han er i lyset, da har vi samfund med hverandre, og Jesus, Hans Sønns blod renser oss fra all synd."*

Når du har sannheten, spaserer du derimot naturlig i lyset fordi du lever etter sannheten. Du blir rettferdig, ifølge din tro i ditt hjerte, når du kommer ut fra mørket og går inn i lyset ved å kaste vekk syndene. På den annen side lyver du til Gud hvis du fremdeles lever i mørket og begår synd og ondskap. Du burde derfor hurtig nå frem til troen sammen med gjerningene.

Du burde spasere i lyset

Gud befaler oss om å kjempe mot syndene helt til vi blør (Hebreerne 12:4) fordi Han vil at vi skal være perfekte likesom Han er perfekt (Matteus 5:48), og hellige likesom Han er hellig

(Peters 1. brev 1:16).

I de Gamle Testamentets tider, ble mennesker frelst bare hvis deres gjerninger var perfekte; de behøvde ikke å kaste vekk syndene i deres hjerter fordi det var umulig for mennesker som menneskelig vesen å bli kvitt deres synder på egen hånd.

Hvis du kunne kaste vekk dine synder selv, ville ikke Jesus selv ha måttet komme ned hit. Men siden du ikke kan løse problemet med synd, eller bli frelst på egen hånd, ble Jesus korsfestet, og Han gir den Hellige Ånd til alle de som tror på det som en gave og fører ham til frelse.

På denne måten kan du kaste vekk all slags ondskap ved hjelp av den Hellige Ånd og delta i Guds natur fordi den Hellige Ånd, når Han kommer til ditt hjerte, gjør deg oppmerksom på synden, rettferdigheten, og dommen.

Derfor skulle du ikke bli tilfredsstilt med å bare ha akseptert Jesus Kristus, men istedenfor be iherdig, kaste bort all slags ondskap, og spasere i lyset ved hjelp av den Hellige Ånd til du kan delta i Guds natur.

Den eneste måten å være i besittelse av himmelen er å ha den spirituelle troen sammen med gjerningen, som vi ser i Matteus 7:21: *"Ikke enhver som sier til meg: Herre! Herre! Skal komme inn i himmelens rike, men den som gjør min himmelske Faders vilje skal komme inn."* Du må også prøve alt til du når målingen til faderens tro fordi de himmelske bostedene vil bli bestemt ifølge hver persons måling av troen.

Jeg håper du vil delta i den Gudommelige natur og får komme til det Nye Jerusalem hvor Guds krone er.

2. Himmelen Har Blitt Rammet Av Vold

Gud lar oss høste inn det vi sår og belønner oss deretter fordi Han er rettferdig. Til og med i himmelen, er hver person belønnet med forskjellige oppholdssteder ifølge måleeheten av deres tro og forskjellig belønnig er gitt til hver person ettersom hvor mye han tjener og gir av seg selv til Guds rike. Gud, som til og med ofret ubetinget Hans eneste Sønn for å gi oss himmelen og evig liv, venter ivrig på at Hans barn skal komme og leve i evighet med Ham i himmelens beste oppholdsted, det Nye Jerusalem.

Gjennom verdens historien, en sterk nasjon har generelt ført en krig mot en betydelig svakere nasjon, og utvidet dets landområde. For å kunne erobre en annen nasjons landområde, måtte en nasjon angripe den andre nasjonen og vinne over den i krig.

På samme måte hvis du er Guds barn med borgerskap i himmelen, må du gå mot himmelen med lidenskapelig håp, fordi du kjenner det veldig godt. Noen vil kanskje undre på hvordan vi tør å gå mot himmelen, som er rike til den allmektige Gud. Vi trenger derfor først å forstå den spirituelle meningen med "himmelens lidelse av vold" og så hvordan en kan virkelig ta det med makt.

Fra døperen Johannes' dager

Jesus forteller oss i Matteus 11:12, *"Men fra døperen Johannes' dager inntil nå trenger de seg med makt inn i himlenes rike, og de som trenger seg inn, river det til seg."* Dagene før døperen Johannes refererer til dagene med Loven, hvor menneskene ble frelst på grunn av deres gjerninger.

Det Gamle Testamentet er en skygge av det Nye Testamentet; profetene lot folk vite om Jehova og profeterte om Messias. Men fra døperen Johannes' dager, den nye tidsalder til det Nye Testamentet, nemlig det Nye Løfte, ble åpnet når det Gamle Testamentets profeti ble stengt.

Vår Frelser Jesus viste seg i menneskenes historie ikke som en skygge men som et eksisterende vesen. Døperen Johannes begynte å tilstå til Jesus som kom på denne måten. Siden da, har tiden begynt hvor alle og enhver kan bli frelst ved å akseptere Jesus som hans Frelser og så motta den Hellige Ånd.

Alle som aksepterer Jesus Kristus og tror på Han mottar rettighetene til å bli Guds barn og komme inn til himmelen. Gud derimot har delt himmelen inn i flere oppholdsteder og lar alle Hans barn komme inn ifølge hans eller hennes egen måling av deres tro, fordi Gud er rettferdig og tilbakebetaler hvert individ slik som han eller henne har gjort. Videre, også bare de som har blitt helt frelst ved å leve etter Budskapet, og har fullstendig fullført deres oppgave kan komme inn i det Nye Jerusalem hvor Guds krone befinner seg.

Derfor bør du arbeide kraftig med å komme til det beste oppholdstedet i himmelen fordi det er opp til målingen av din tro om hvilket bosted du vil komme inn til, selv om selve inngangen til himmelen har tro.

Fra døperen Johannes dager til vår Herres andre tilbakekomst, alle som blir avansert mot himmelen vil holde fast på det. Jesus forteller oss i Johannes' evangeliet 14:6, *"Jeg er veien og sannheten og livet; ingen kommer til Faderen uten ved Meg."*

Herren forteller oss at ingen kommer til Faderen untatt gjennom Ham fordi Han er veien som fører til himmelen, selve sannheten, og livet. Han kom til denne verdenen på grunn av dette, vitne til Gud slik at vi kan klart forstå Gud, og lærte oss selv hvordan en kan komme til himmelen ved å være et forbilde for oss.

Himmelen er delt inn i forskjellige bosteder

Himmelen er Guds rike hvor Hans frelsede barn vil bo i all evighet. Forskjellig fra denne verden, er det rike med fred uten forandring og korrupsjon. Det er fylt med lykke uten sykdom, sorg, smerte, og død fordi fienden Satan og djevelen og synden ikke er til stede der.

Selv om vi prøver å forestille oss hvordan himmelen er, vil du bli grundig forbløffet og overrasket når du ser himmelens virkelige skjønnhet og renhet. Hvor utrolig ville ikke Gud den Allmektige og Skaperen av universet ha laget himmelen hvor Hans barn skal bo i all evighet! Hvis du undersøker Bibelen, finner du ut at himmelen er delt inn i mange bosteder.

Jesus sier i Johannes' evangeliet 14:2, *"I min Faders hus er det mange rom; var det ikke så, da hadde jeg sagt dere det; for jeg går bort for å gjøre berede deres sted."* Nehemia forteller også om forskjellige "himler": *"Du alene er HERREN. Du har gjort himlene, himlenes himler og all deres hær, jorden og alt som er på den, havene og alt som er i dem. Og du holder det alt sammen i live, og himmelenes hær tilbeder Deg"* (Nehemias' bok 9:6).

I gamle dager trodde folk at det bare var en himmel, men med utviklingen av vitenskap, vet vi nå at det er mange steder andre enn de stedene som vi kan se. Til vår overraskelse, har Gud allerede fortalt om dette i Bibelen.

For eksempel, Kong Salomon tilsto at det er mange himler: *"Men bor da Gud virkelig på jorden? Se, himlene og himlenes himler rummer deg ikke; hvor meget mindre da dette hus som jeg har bygget!"* (1. Kongebok 8:27) Apostelen Paulus tilsto i Paulus 2. brev til korintierne 12:2-4 at han hadde blitt ført inn til Paradiset i den tredje himmelen og Johannes' åpenbaring 21 beskriver det Nye Jerusalem hvor Guds krone er.

Derfor burde du erkjenne at himmelen ikke bare inneholder et bosted, men inneholder mange bosteder. Jeg vil klassifisere himmelen i flere steder ifølge målingen av troen og vil kalle dem Paradiset, det Første Kongerike, det Andre Kongerike, det Tredje Kongerike, og det Nye Jerusalem. Paradiset er for de med den minste troen; det Første Kongerike er for de med bedre tro enn de i Paradiset; det Andre Kongerike er for de med bedre tro enn de i Første Kongerike; det Tredje Kongerike er for de med bedre tro enn de i det Andre Kongerike. I det Tredje Kongerike er den Hellige Byen Nye Jerusalem hvor Guds Trone befinner seg.

Himmelens kongerike lider av vold fra de som har tro

I Korea er det øyer som Ul-lung og Jeju, landlige og berglendte områder, små og store byer, og hovedstadsområder. I hovedstaden Seoul, ligger presidentens offisielle bosted, Cheong Wa Dae.

Akkurat som en nasjon er delt inn i mange distrikter for styrelse letthet og hensikt, himmelens rike er også delt inn i flere bosteder i forhold til et distrikt mønster. Med andre ord, ditt oppholdssted er fastsatt av hvor mye du lever etter Guds hjerte.

Gud er så fornøyd når du lever med håp om å komme til

himmelen fordi det da er bevis om at du har tro, og samtidig, er det en snarvei for deg til å vinne kampen mot fienden Satan og djevelen og bli renset ved å hurtig kaste vekk de kjødelige gjerningene og begjørene.

Etter at du har akseptert Jesus Kristus, begynner du å innse at det er lett å bli kvitt dine kjødelige gjerninger, men det er ikke så lett å kaste vekk de kjødelige begjærene, syndenes egenskaper inne i deg selv.

Det er derfor de som har sann tro fortsetter med å be og faste slik at de kan bli Guds hellige barn ved å fullstendig kaste bort det kjødelige begjæret.

Himmelen er bare besatt av tro og hvert oppholdsted er fastsatt i forhold til hva en har gjort fordi himmelen er hvor Gud styrer med rettferdighet og kjærlighet. Med andre ord, bostedet for de som er på troens første nivå er forskjell fra oppholdsstedet for de som er på det andre eller tredje nivået, o.s.v. Det høyere nivå du er på, det vakkrere og mer strålende bosted vil du komme til.

Du må rykke deg frem mot himmelen

Hvis du derfor bare er kvalifisert til å komme inn til Paradiset, må du kjempe for å rykke deg frem mot det Første Kongerike, og de bedre bostedene i himmelen. Ettersom du nærmer deg himmelen, hvem kjemper du imot? Det er en pågående kamp mot djevelen for å kunne holde din tro fast i denne verdenen og gå mot portene til himmelen.

Fienden Satan og djevelen gjør alt for å føre menneskene til å gå mot Gud slik at de ikke kan komme inn i himmelen; la dem tvile slik at de ikke kan ha tro; og ved å til slutt føre dem til døden med å begå synder. Det er derfor du må vinne over djevelen. Du vil komme inn til et bedre bosted bare når du minner om Herren ved å kjempe mot syndene helt til ditt eget blod renner.

Tenk på en bokser. Han består all slags vanskelig trening for å kunne bli en verdensmester. Bokseren vet at gjennom en slik hard trening, kan han bli en verdensmester og så kan han nyte ære, rikdom, og velstand. Men han må gå gjennom smertefull trening og kjempe mot seg selv til han vinner mesterskapstittelen.

Det er det samme når en holder fast på himmelen ved å sakte arbeide seg mot det. Du bør sløss i kampen for å bli renset ved å kaste vekk all slags ondskap, og fullføre dine plikter som Gud har gitt deg. Du må vinne en spirituell kamp for å få himmelen ved å be iherdig selv om fienden Satan og djevelen hindrer deg uavbrutt i din kamp med å forfremme deg mot det himmelske kongerike.

En ting skal du vite og det er at kampen mot djevelen er faktisk ikke så vanskelig. Alle som har tro kan vinne kampen mot fienden Satan og djevelen fordi Gud hjelper og fører ham med himmelske verter og engler, og den Hellige Ånd.

Vi må få tak i himmelen ved å forfremme oss mot den og seire med troen. Etter at en bokser har vunnet sin mesterskapstittel, må han kjempe for å beholde tittelen. Men kampen for å komme inn til himmelen er lykkelig og vidunderlig fordi jo mer seier du får, jo lettere blir din syndige byrde. Når du vinner en kamp, er du så fornøyd, og kampen blir derfor lettere og lettere med hver dag fordi alt går bra med deg, og du vil nyte god helse så lenge din sjel har det bra.

Samme om bokseren blir verdensmester og mottar ære, rikdom, og velstand, vil alt forsvinne når han dør. Men æren og velsignelsene du mottar etter kampen for forfremmelse mot himmelen vil vare i all evighet. Hva skal du så kjempe og prøve å gjøre ditt beste for? Du bør være en klok person som når den bedre delen av himmelen ved å gå mot det med makt, i jakt etter evighet og ikke jordslige ting.

Hvis du vil forfremme deg mot himmelen gjennom troen

Når Jesus forklarer om himmelen, lærer Han folk gjennom lignelser som viser jordslige ting slik at mennesker kan lettere forstå det. En av dem er lignelsen med sennepsfrøet.

Han presenterte en annen lignelse til dem og sa, "Himlenes rike er likt et sennepskorn som en mann tok og sådde i sin åker; det er mindre enn alt annet frø; men når det vokser til, er det større enn alle andre maturter og blir til et tre, så himmelens fugler kan komme og bygger rede i dets grener" (Matteus 13:31-32).

Når du stryker en kulepenn på et stykke papir, et veldig lite merke blir sittende igjen på papiret. Dens størrelse er nesten like stort som et sennepsfrø. Til og med dette frøet vil vokse til å bli et stort tre, slik at fuglene i luften kan komme og sitte på grenene. Jesus brukte denne parallellen for å vise prosessen om troens utvikling: selv om din tro er liten nå, kan du oppdra det til en mektig tro.

Jesus sier i Matteus 17:20, *"For sannelig sier jeg dere: Har* dere tro som et sennepsfrø, da kan dere si til dette fjell: 'Flytt deg derfra og dit!' Og det skal flytte seg, og ikke noe skal være umulig for dere." Som svar til Hans disiplers befalinger om å "øke din tro," svarte Jesus i Lukas 17:6, "Hvis du hadde tro akkurat som et sennepsfrø, bør du si til dette morbærtre: 'Rykk deg opp med rot og plant deg i havet!' Og det skulle lyde dere."

Du lurer sikkert på hvordan du kan flytte et tre eller et fjell ved å bruke troen som ikke er større enn et sennepsfrå til å befale. Men selv den minste bokstaven eller den minste streken av en kulepenn vil ikke forsvinne i det hele tatt fra Guds ord.

Hva er så den spirituelle meningen med disse versene? Du blir gitt en tro som er like liten som et sennepsfrø når du aksepterer Jesus og mottar den Hellige Ånd. Denne lille troen vil vokse og gro når du planter det på ditt hjertets jorde. Når den vokser opp til en mektig tro, kan du flytte et fjell ved å simpelthen befale det, og også åpenbare mektige verk fra Gud ved å la de blinde se, de døve høre, de stumme snakke, og de døde stå opp.

Det er ikke riktig for deg å tro at du ikke har noen tro fordi du ikke kan vise verk fra Guds makt eller fremdeles har problemer i din familie eller forretning. Du spaserer på veien til det evige liv ved å møte opp i kirken, lovprise, og be, fordi din tro er like liten som et sennepsfrø. Du kan simpelthen ikke erfare mektige verk fra Gud fordi målingen av din tro er fremdeles liten.

Derfor, din tro som er like liten som et sennepsfrø trenger å vokse for å kunne bli en stor nok tro til å kunne flytte fjell. Akkurat som når du planter et druefrø og kultiverer det mens det gror, blomstrer, og produserer dens frukter, vil også din tro vokse gjennom en lignende prosess.

Du må ha spirituell tro

Det er det samme som å gå mot det himmelske kongerike. Du kan ikke komme inn i det Nye Jerusalem bare ved å si, "Ja, jeg tror." Du må ta deg av det et steg av gangen, ved å begynne fra Paradiset til du når det Nye Jerusalem. For å kunne nå det Nye Jerusalem, må du vite helt nøyaktig hvordan du skal komme dit. Hvis du ikke kjenner veien, kan du ikke ta deg av det eller du vil kanskje komme til et stopp uansett dine anstrengelser.

Isralittene som kom ut av Egypt klaget over Moses og jamret seg fordi de ikke hadde nok tro til å dele Røde Havet. Så Moses, som hadde stor nok tro til å flytte et fjell, måtte dele Røde Havet i to deler. Til tross for dette, troen til isralittene var den samme etter at de akkurat hadde sett at Røde Havet delte seg.

I stedenfor lagde de et avbilde av en kalv og bøyde seg ned til den mens Moses fastet og ba på Sinai Fjellet for å motta de Ti Budskapene (2. Mosebok 32). På grunn av dette ble Gud opprørt og sa til Moses, *"Jeg kan ødelegge dem; så vil jeg gjøre deg til et stort folk"* (v. 10). Isralittene hadde fremdeles ikke noen spirituell tro til å adlyde Gud selv om de hadde sett mange undere og tegn åpenbart seg gjennom Moses.

På slutten, isralittenes første generasjon på 2. Moseboks tid kunne ikke komme inn til Kanaan i untagelse av Josva og Kaleb. Hvordan var den andre generasjonen i den 2. Mosebok med Josva og Kaleb? Akkurat når prestene som fraktet Guds ark satte foten i Jordan Elven under Josvas lederskap, stoppet vannet å flyte og alle isralittene kunne krysse den.

Dessuten i adlydelse av Guds befaling, marsjerte de rundt byen Jeriko i syv dager og ropte høyt, og så falt Jeriko sammen.

De kunne erfare vidunderlige verk fra Guds makt ikke fordi de hadde noen spesiell fysiske makt, men fordi de adlød Josvas ledelse, som hadde stor nok tro til å kunne flytte fjell. Innen denne tiden hadde isralittene også fått spirituell tro.

Hvordan kunne Josva ha slik en sterk og god tro? Josva kunne arve erfaring og Moses' tro med han som han hadde spent førti år sammen med i villmarken. Akkurat som profeten Elisja arvet en dobbel porsjon av profeten Elias' ånd ved å følge ham helt til slutten, Moses' etterfølger Josva, som hadde blitt igjenkjent av Gud, ble en mann med stor tro ved å tjene og adlyde Moses mens de fulgte ham. Som resultat, viste han det mektige verk ved å til og med stoppe solen og månen (Josva 10:12-13).

Det er det samme med isralittene som fulgte Josva. Den første generasjonen Eksodus, som var 20 år eller gamlere, hadde lidd i fire århundre og døde i ørkenen. Men likevel Josvas etterkommere kunne komme inn til Kanaan fordi de hadde fått spirituell tro gjennom de forskjellige slags lidelser og prøver.

Du trenger å fullstendig forstå den spirituelle troen. Noen mennesker sier at de før i tiden hadde hatt slik en god tro fordi de var lojale tjenere i kirkene deres. Men likevel sier de at de ikke lenger er trofaste fordi deres tro har på en eller annen måte forsvunnet. Deres påstand er ikke gyldig fordi den spirituelle troen ble aldri forandret. Deres tro fra før i tiden forandret seg fordi de ikke hadde spirituell tro men kunnskapens tro. Hvis det virkelig hadde vært spirituell tro, ville det ikke ha forandret seg selv etter en lang tid.

Tenk på et hvitt lommetørkle. Når jeg viser det til deg, spør jeg deg, "Tror du på at dette lommetørkle er hvitt?" Du vil helt sikkert si, "Ja." Innbill deg igjen at ti år har gått og, ved å holde på det samme lommetørklet, ville jeg spørre deg igjen, "Dette er et hvitt lommetørkle. Ville du tro på det?" Hva ville du svare? Ingen ville være skeptiske om farven eller si at det er et sort lommetørkle selv etter lang tid. Det samme lommetørkle som jeg hadde trodd var hvitt for ti eller tyve år siden, vil jeg fremdeles tro at er hvitt idag.

Her er en annen lignelse. Når du går på en pilegrimsferd til det Hellige Land, vil du se at de seller sennepsfrø pakket inn i en konvolutt. En dag, en viss mann kjøpte og sådde sennepsfrø i åkeren, men de grodde ikke; livskreftene i frøene døde fordi de ble liggende for lenge uten å bli plantet.

Selv om du har akseptert Jesus Kristus, og har likeledes mottat den Hellige Ånd, og du har like liten tro som et sennepsfrø, kan den Hellige Ånd i deg visne bort hvis du ikke sår tro i ditt hjerte i lang tid. Det er derfor Det første tessalonikerbrev 5:19 advarer mot, *"Utslukk ikke Ånden."* Din tro selv om den er like liten som et sennepsfrø, kan gradvis gro når du planter det i ditt hjertes land og forbedrer sin tro med handling. Men hvis du lever med Guds ord i lang tid helt siden du først mottok den Hellige Ånd, kan du slukke ilden til den Hellige Ånd.

Gripe fatt i himmelen med spirituell tro

Derfor må du leve etter Guds ord hvis du aksepterte Jesus Kristus og mottok den Hellige Ånd. I lydighet til Guds Ord, må du kaste bort alle synder, be, rose, holde kontakt med brødre eller søstre i Herren, spre evangeliet, og elske hverandre.

Din tro vil vokse mens du kultiverer din tro på denne måten.

For eksempel, mens du holder sammen med dine brødre i troen, kan din tro vokse, fordi du kan gi ære til Gud ved å dele bevisene og ha samtaler med hverandre i sannheten. Du kan se at ens tro har innflytelse på de som han kommer overens med. Hvis foreldre har god tro, deres barn vil også meget sansynelig ha god tro. Hvis din venn har god tro, vil din tro også vokse fordi din tro ligner veldig på din venns tro.

I motsetning, fordi fienden Satan og djevelen prøver å ta vekk din tro, burde du ikke bare utstyre deg selv med Guds ord til alle tider, men også be intenst for å vinne den spirituelle kampen ved å alltid være lykkelig og bli takknemlig i alle tilfeller med Guds makt og autoritet.

Da vil din tro som er like liten som et sennepsfrø vokse til et stort tre full av blader og blomster, og det vil til slutt bære mye frukt. Du vil kunne lovprise Gud ved å produsere rikelig av de ni fruktene til den Hellige Ånd, frukten til den spirituelle kjærlighet, og lysets frukt.

Du vet godt hvor mye hardt arbeide og hvor mye tålmodighet en bonde må ha fra det øyeblikket hvor han planter frø for å høste avlinger. På samme måte, kan vi ikke få himmelen bare ved å møte opp i kirken. Vi trenger også å kjempe og slite spirituelt for å lage det til vårt eget.

Når du forkynner evangeliet blant folk, vil du kanskje møte noen som sier at de vil tjene mange penger og nyte livet først, og så gå til kirken når de blir eldre. Hvor dumme de er! Du vet ikke hva som vil skje imorgen eller når vår Herre vil komme tilbake.

I tillegg, kan du ikke oppnå tro på en dag og troen vokser ikke på kort tid. Selvfølgelig kan du få kunnskapens tro akkurat så mye som du vil. Men likevel kan du ha den spirituelle troen som

Gud har gitt deg bare når du erfarer Guds ord og alvorlig lever med det.

En bonde sår ikke frø hvor som helst. Han dyrker opp et ufruktbart jorde og gjør det først fruktbart. Så sår han frø på jordet og tar vare på dem ved å vanne dem, gjødning, o.s.v. Bare da kan plantene vokse godt og han kan høste rikelig. Hvis du har en tro som er like liten som et sennepsfrø, må du dessuten så og bearbeide din tro slik at det vil vokse til å bli et stort tre hvor mange fugler kan komme og hvile seg.

På den ene side, "fuglen" i lignelsen til såmannen i Matteus 13:1-9 er betegnelse for fienden djevelen som spiser opp frøene til Guds Budskap, som falt langs med veien.

På den annen side, fuglene i Matteus 13:31-32 representerer mennesker: *"Himlenes rike er likt et sennepskorn som en mann tok og sådde i sin åker; det er mindre enn alt annet frø; men når det vokser til, er det større enn alle andre maturter og blir til et tre, så himmelens fugler kan komme og bygge rede i dets grener."*

Likesom alle fuglene hviler og sitter i et stort tre, når din tro vokser opp til den største målingen, kan mange mennesker hvile spirituelt i deg fordi du kan dele din tro og styrke dem med Guds nåde.

Også, jo renere du blir, det mere spirituell kjærlighet og fordel får du. Som et resultat vil du begynne å omfavne mange mennesker, og dette er snarveien for å fremskynde seg med makt mot himmelen.

Jesus sier i Matteus 5:5, *"Salige er de saktmodige, for de skal arve jorden."* Dette avsnittet lærer deg om at jo mere din tro vokser og det mer saktmodig du blir, desto større plass arver du i himmelen.

Ulik ære i himmelen ifølge troens nivå

Apostelen Paulus kommenterer om våre oppståtte kropper i Paulus' brev til korintierne 15:41: *"En glans har solen, og en annen har månen, og en annen stjernene; for den ene stjerne skiller seg fra den andre i glans."* Alle vil motta forskjellige målinger av himmelens ære fordi Gud tilbakebetaler alle ifølge hva han har gjort.

Her henviser "solens ære" til æren som de vil ha de som er helt rengjorte og trofaste i alle Guds hus. "Månenes ære" henviser til menneskenes ære som ikke strekker til solens prakt, og "stjernens ære" henviser til menneskenes ære som har svakere tro enn de med månens ære.

Uttrykket "en stjerne er forskjellig fra ærens stjerne" menes at akkurat som når alle stjernene er ulike i lysets grad, vil hver og en av oss motta forskjellige belønninger og himmelsk plassering i himmelen etter at du har oppstått fra de døde selv om vi kommer inn til det samme bostedet.

Slik forteller Bibelen oss at hver og en av oss vil ha forskjellig ære når vi kommer inn i himmelen etter vår oppstandelse. Det fører til at vi blir klar over at våre himmelske bosteder og belønninger vil bli forskjellige i forhold til hvor mye spirituell tro vi har ved å kaste vekk syndene og hvor trofaste vi er til Guds kongerike mens vi bor i denne verdenen.

Men, folk som er onde og late med å kaste vekk deres synder og blir trofaste med deres forpliktelser vil ikke kunne komme inn i himmelen, men vil istedenfor bli kastet ut i mørket (Matteus

25). Derfor må du forfremme din tro med makt mot den nydelige himmelen.

Hvordan en kan forfremme seg mot himmelen

Menneskene i denne verden bruker hele deres liv til å tjene rikdommer som de ikke kan beholde evig. Noen mennesker arbeider hardt for å kjøpe et hus ved å stramme inn på budsjettet, mens andre studerer hardt uten noe søvn slik at de kan få gode jobber. Hvis mennesker gjør deres beste for å få bedre liv her i denne verdenen, som varer bare en kort tid, hvor mye mere anstrengelse burde vi gjøre for å få et evig liv i himmelen? La oss undersøke i detaljer hvordan vi kan forfremme oss mot himmelen.

Først må du adlyde Guds Ord. Han anbefaler deg til å fortsette og finne ut av din frelse med frykt og skjelving (Paulus brev til filippenserne 2:12). Fienden Satan og djevelen vil ta din tro vekk når du ikke er våken. Derfor skulle du se på Guds ord som *"søtere enn honning, enn honning fra kammen"* (Salmeboken 19:10) og overholde det. Du vil ikke bli frelst når du kaller Jesus, "Herre, Herre" men når du handler i henhold til Guds vilje ved hjelp av den Hellige Ånd.

Deretter, må du ta på deg Guds fulle rustning. For å kunne bli sterk som Herren i Hans store makt og stå imot djevelens planer, må du ta på deg Guds fulle rustning. Din kamp er ikke mot det kjødelige eller blodet, men mot herskerne, mot de overordnede, mot makten til denne mørke verdenen og mot de onde spirituelle krefter i himmelens virkelighet. Derfor når du tar på deg Guds fulle rustning kan du klare å holde fast på din tro når dagens ondskap kommer og forblir stående etter at du har gjort alt (Paulus' brev til efeserne 6:10-13).

Derfor må du stå fast på sannheten, med rettighetene på plass, og med dine føtter klare for fredens forkynnelse. I tillegg til alt dette, ta opp troens skjold, hvor du kan slukke de ondes flammende piler. Ta frelserens hjelm og sverdet til Ånden, som er Guds ord, og be med Ånden i alle anledninger med alle slags bønner og forespørsler. Med dette i tankene, vær alltid observant og fortsett alltid med å be (Paulus' brev til efeserne 6:14-18). Ditt bosted i himmelen vil bli bestemt ifølge hvor mye av Guds rustning du tar på deg og hvor mye du overvinner fienden Satan og djevelen.

Den tredje tingen sier at du trenger spirituell kjærlighet til alle tider. Med tro, kan du komme inn i himmelen, og med håp om himmelen, kan du adlyde med sannheten. Med kjærlighetens makt, kan du også bli renset og bli trofast i alle dine forpliktelser.

Videre kan du komme inn i det Nye Jerusalem, det nydeligste stedet i himmelen, når du utretter den perfekte kjærligheten. Du må fullføre den perfekte kjærligheten til å bo i det Nye Jerusalem hvor Gud er, siden Han er selve kjærligheten.

Akkurat som apostelen Paulus forteller oss i 1. korintierne 13:13, *"Men nå blir de stående disse tre, tro, håp, kjærlighet, og størst blandt dem er kjærligheten,"* du må fremme deg mot himmelen med spirituell kjærlighet. Dessuten trenger du å vite at ditt oppholdssted i himmelen vil bli bestemt ifølge hvor mye kjærlighet du har oppnådd.

3. Forskjellige Bosteder og Kroner

Mennesker i den tre dimensjonelle verdenen kan ikke kjenne himmelen, som er en del av den fire dimensjonelle verdenen. Men, som en mann med tro, blir du entusiastisk og full av glede selv ved budet "himmelen," fordi det himmelske kongerike er ditt hjem hvor du vil leve i all evighet. Hvis du lærer om himmelen i detaljer, er det ikke bare din sjel som vil komme godt overens, men din tro vil også vokse fortere fordi du blir full av håp for det himmelske kongerike.

I himmelen er det mange oppholdssteder som Gud har lagt klare for Hans barn (Femte Mosebok 10:14; 1. Kongebok 8:27; Nehemias' bok 9:6; Salmenes bok 148:4; Johannes' evangelium 14:2). Hver av dere vil ha et forskjellig oppholdssted ifølge målingen av din egen tro og på grunn av at Gud er rettferdig, lar Han deg høste hva du har sådd (Galaterne 6:7) og belønne deg i henhold til hva du har gjort (Matteus 16:27; Johannes' åpenbaring 2:23).

Som jeg har allerede nevnt, himmelens kongerike er delt inn i flere steder som Paradiset, det Første Kongerike, det Andre Kongerike, og det Tredje Kongerike hvor det Nye Jerusalem er. Guds trone er i det Nye Jerusalem, akkurat som det offisielle bostedet til Koreas president, Cheong Wa Dae, er i hovedstaden Seoul, og det offisielle bostedet til presidenten i Amerika, det Hvite Hus, er i hovedstaden Washington, D.C.

Bibelen forteller oss også om flere slags kroner, som vil bli gitt som belønning til Guds barn. Blant mange misjonsoppdrag, å gi sjelen til Herren og bygge Hans sanktiarium er verdt den største belønningen.

Det er mange forskjellige måter å gi sjelen til Herren på. Du kan delta i å evangelisere mennesker, hjelpe Guds arbeide ved å gi forskjellige slags ofringer, eller indirekte forkynne evangeliet til mennesker ved å arbeide trofast for Guds rike med dine forskjellige talenter. Slike indirekte midler ved å gi sjelen til Herren er også viktig for å utvide Guds rike, akkurat som hver del av din kropp er uunnværlig for deg.

Direkte deltagelse med å forkynne evangeliet til mennesker og bygge sanktiarium hvor mennesker kommer sammen for gudstjeneste, fortjener ikke desto mindre belønninger fordi disse tilsvarer det å lindre Jesus' tørste og tilbakebetaling av Hans blod.

Det er forskjellige standarder hvor du kan tjene en krone i himmelen, og i hvilken grad kronens kostbarhet er forskjellig fra den ene til den andre. Ifølge kronene til hver person, kan du se målingen av hans eller hennes helliggjørelse, belønning, og himmelsk bosted, akkurat som menneskene under kongedømme kunne se forskjell på folks samfunnsstatus ifølge hans eller hennes klær.

La oss forske i forholdene til troens måling, bosteder i himmelen, og belønnede kroner.

Paradiset er for mennesker som har troen på første nivået

Paradiset er det laveste stedet i himmelen, likevel er det et utrolig lykkelig, gledelig, og fredelig sted i forhold til denne verdenen. Videre, hvor lykkelig et sted ville det ikke være med det faktum at det ikke finnes noen synd der i det hele tatt!

Paradiset er et mye bedre sted enn Edens Have hvor Gud plaserte Adam og Eva etter at han hadde skapt dem.

Paradiset er et nydelig sted hvor Livets Elv, som originalt kommer fra Guds trone flyter inn i, etter at det har vært gjennom det Tredje Kongerike, det Andre Kongerike, og det Første Kongerike. På hver side av Elven står livets tre, som bærer på tolv avlinger med frukt, og gir sin frukt hver måned (Johannes' åpenbaring 22:2).

Paradiset er for de som aksepterte Jesus Kristus, men ikke gjorde noe ifølge deres tro. Det vil si, mennesker på troens første nivå, som bare så vidt fikk frelse og den Hellige Ånd, kommer inn til Paradiset. De får ingen belønning eller krone fordi de har ikke brukt troen til å gjøre noe.

Vi finner i Lukas 23:43 at mens Jesus hang på korset hadde Han sagt til den ene forbryteren ved siden av Ham, *"Sannelig sier jeg deg: Idag skal du være med meg i Paradiset."* Dette betyr ikke at Jesus bare oppholder seg i Paradiset; Jesus er overalt i himmelen fordi Han er himmelens Herre. Du kan også lese i Bibelen at Jesus, etter Hans død, dro ned til den Øverste Graven, ikke Paradiset.

Efeserbrevet 4:9 spør, *"Men dette: 'Han for opp,' hva er det uten at Han først for ned til jordens lavere deler?"* I Peters' 1. brev 3:18-19 finner vi også, *"For også Kristus led en gang for synder, en rettferdig for urettferdige, for å føre oss frem til Gud, han som led døden i kjødet, men ble levendegjort i ånden, og med denne gikk Han bort og preket for åndene som var i varetekt."* Med andre ord, Jesus gikk til den Høyeste Graven og holdt preken om evangeliet der og stod opp fra de døde den tredje dagen.

Når Jesus sier, "Idag skal du være med meg i Paradiset" betyr det at Jesus forutså det faktum i troen at forbryteren ville bli frelst og ende opp i Paradiset. Forbryteren mottok bare så vidt en skamful frelsning og kom inn i Paradiset på grunn av at han bare aksepterte Jesus rett før hans død, og kjempet ikke i det hele tatt mot hans synder eller fullførte hans forpliktelse for Guds kongerike.

Det Første Kongeriket i himmelen

Hva slags sted er det Første Kongerike i himmelen? Akkurat som det er en stor forskjell i livet mellom Paradiset og denne verdenen, er himmelens Første Kongerike uforlignelig et mye lykkeligere og mer gledelig sted enn Paradiset.

Hvis lykken til den som har gått til det Første Kongeriket var sammenlignet med lykken til en gullfisk i en gullfiskbolle, lykken til den som har gått til det Andre Kongerike kan bli sammenlignet med lykken til en hval i det store Stillehavet. Akkurat som en gullfisk i gullfiskebollen er lykkeligere når den er i gullfiskbollen, de som har gått til det Første Kongerike føler seg tilfreds med å være der og føler virkelig glede.

Nå vet du at det er forskjell i målingen av lykken blandt hvert himmelsk bosted. Kan du forestille deg hvilket lykkelig liv de vil ha de som er i det Nye Jerusalem, hvor Guds trone er? Det vil være strålende, vakkert, og åndeløst spennende utover alt det du før har noensinne drømt om. Derfor skulle du utvikle troen iherdig og håpe på det Nye Jerusalem uten å være tilfredsstilt med å ha nådd Paradiset eller det Første Kongerike.

Hvis du blir Guds barn ved å akseptere Jesus Kristus som din

Frelser, ved hjelp av den Hellige Ånd kan du snart nå troens andre nivå hvor du prøver å leve etter Guds ord. På dette stadiet, prøver du å holde alt ved Hans ord som du lærer, men lever ennå ikke perfekte etter det.

Det er det samme med et barn som ikke ennå er et år gammelt og som prøver forgjeves å stå, men som hele tiden faller ned. Etter mange prøver, kan han til slutt stå, stabbe avgårde, og ganske snart til og med prøve å springe. Hvor nydelig og kjærlig er ikke hennes barn være i hans mors øyne når barnet fortsetter å vokse slik?

Det er det samme med troens forskjellige nivåer. Akkurat som barnet prøver å stå, gå, og springe fordi han er i live, troen som også er i live, blir forfremmet til å nå troens andre nivå, og så troens tredje nivå. Gud gir derfor det Første Kongerike til de som er på troens andre nivå fordi Gud elsker dem også.

En evig krone

Du vi motta en krone i himmelens Første rike? Det er mange forskjellige slags kroner i himmelen på samme måte som selve himmelen er delt opp i mange forskjellige bosteder: en evig krone, en lovprisende krone, livets krone, en krone av gull, og en rettferdighets krone. Blandt disse kronene, en evig krone vil bli gitt til den som kommer til det Første Kongerike.

Det leses i Timoteus 2. brev 2:5-6 at, *"Men om noen også strider i veddekamp, får han nok ikke kransen hvis han ikke strider på den rette måten. Den bonde som arbeider, bør først nyte fruktene."* Når vi mottar lønn for vårt arbeide på denne jorden, vil vi også motta belønning når vi spaserer på den smale veien for å nå himmelen.

En idrettsutøver mottar en gull medalje eller en laurbærkrans bare når han har konkurrert ifølge reglene og har vunnet. På samme måte kan du også bare motta en krone hvis du konkurrerer ifølge Guds ord ettersom du kjemper deg mot himmelen.

Jesus sa, *"Ikke enhver som sier til meg: 'Herre! Herre!' Skal komme inn i himmelens rike, men den som gjør min himmelske Faders vilje skal komme inn"* (Matteus 7:21). Selv om en påstår at en tror på Gud, hvis han ikke tar hensyn til den spirituelle loven, Guds lov, kan han ikke få noen krone fordi han bare har kunnskapens tro og han er akkurat som en idrettsutøver som ikke konkurrerer ifølge reglene.

Men selv om din tro er svak, kan du få en evig krone så lenge du prøver å konkurrere i kampen ifølge Guds regler. Du vil få en evig krone fordi de anser at du har deltatt og konkurrert i kampen ifølge reglene.

Kampen til den med troen er en spirituell kamp mot fienden djevelen og synden. Selve belønningen for den som vinner kampen med å overkomme fienden djevelen er en evig krone.

Sett at du bare deltar i søndagens morgengudstjeneste og møter dine venner på ettermiddagen. På grunn av dette kan du ikke engang motta en evig krone fordi du allerede har mistet kampen mot fienden Satan og djevelen.

1. Korintierne 9:25 forkynner at, *"Hver som er med i veddekamp, er avholdende i alt, hine for å få en forgjengelig krans, men vi en uforgjengelig."*

På samme måte som alle de som kjemper og går inn i hard trening for kampen og konkurrerer ifølge reglene, for å kunne nå himmelen, skulle vi også gå inn i hard trening og leve etter Guds vilje. Å se at Gud selv lager istand en krone som aldri vil gå tapt for de som prøver å leve ifølge Hans lover på denne jorden husker deres anstrengelser, forstår vi hvor forferdelig mye kjærlighet Gud har!

Bortsett fra Paradiset, er belønninger laget for de som når det Første Kongerike. Riktige belønninger og ære vil bli gitt til de som kommer inn til dette stedet fordi de i Herrens navn strever etter Guds kongerike.

Det Andre Kongerike

Himmelens Andre Kongerike er et nivå høyere enn det Første Kongerike. Mennesker på troens tredje nivå, som lever ifølge Guds ord, kan komme til det Andre Kongerike. Rundt den koreanske hovedstaden Seoul, er det drabantbyer, og rundt disse byene er det utkants områder.

På samme måte er det Nye Jerusalem i himmelen lokalisert i midten av det Tredje Kongerike og rundt det Tredje Kongerike ligger det Andre Kongerike, det Første Kongerike, og Paradiset. Dette betyr selvfølgelig ikke at hvert bosted i himmelen er spredd utover akkurat som byene på jorden.

Med begrenset menneskelig kunnskap, kan vi ikke riktig forstå himmelens vidunderlige og mystiske innredningen. Du burde prøve å forstå det så mye som mulig, men allikevel vil du kanskje ikke riktig forstå det, selv om du ser på det med din egen tanke og fantasi. Du kan forstå himmelen like mye som din tro vokser fordi du ikke kan forstå himmelen med noe annet i denne verdenen.

Kong Salomon, som nøt mye rikdom, velstand, og makt, klaget når han ble eldre, *"'Bare tomhet, sier predikeren, bare idelig tomhet! Alt er tomhet.' Hva fordeler har mennesket av alt sitt strev, som han møyer seg med under solen?"* (Predikerens bok 1:2-3)

I Jakobs brev 4:14 er vi også minnet om, *"Dere som ikke vet hva som skal hende i morgen! For hva er deres liv? Dere er jo en røyk som viser seg en liten stund og så blir borte."* Ens store rikdommer og velstand på denne jorden varer bare i kort tid og forsvinner fort.

I sammenligning med det evige liv, livet som vi idag lever er også som en dis som kommer til syne for kort tid og så forsvinner. Men kronen som Gud gir er en evig en som aldri forsvinner, og det er slik en nydelig og verdiful belønning som vil bli ens evig kilde av stolthet.

Så hvor meningsløst vil ikke ens liv bli hvis han ikke kan gi ære til Gud mens han erklærer hans tro i Ham! Men hvis en er på troens tredje nivå, fordi han gjør alt med ærlighet, vil han ofte høre sine naboer tilstå, "Etter at jeg har sett deg, burde jeg begynne å gå i kirken selv også!"

På denne måten gir han ære til Gud og det er derfor Gud belønner ham med ærens krone.

Ærens krone

Vi finner i Peters' 1. brev 5:2-4 Guds anklagelser til oss:

Vokt den Guds hjord som er hos dere, og ha tilsyn med den, ikke av tvang, men frivillig, ikke for ussel vinnings skyld, men av villig hjerte, heller ikke som de som vil herske over sine menigheter, men således at dere blir mønster for hjorden; og når overhyrden åpenbares, skal dere få ærens uvisnelige krans.

Hvis du kommer inn på troens tredje nivå, utstråler du Kristus aroma fordi din taleevne og handling forandres nok til å bli verdens lys og salt når du kaster vekk dine synder ved å motstå dine synder helt til du blir blødende. Hvis en person som veldig lett blir sint og som før har pratet bak ryggen på andre, blir ydmyket og vil nå bare prate godt om andre, hans naboer vil si, "Han har forandret seg så mye siden han ble en kristen." På denne måten vil Gud bli glorifisert på grunn av ham.

Den udødelige ærens krone vil derfor bli belønnet til den som blir et godt eksempel til flokken fordi han glorifiserer Ham ved å iherdig kaste bort hans synder og bli trofast til hans forpliktelser i denne verdenen som han fikk av Gud. Hva vi har gjort i Herrens navn og hva vi har gjort for å fullføre vår forpliktelse mens vi kaster bort våre synder vil bli overøst i himmelen som en belønning.

Denne verdens lovprisning vil rotne, men all æren som du gir til Gud vil aldri visne bort, og det vil komme tilbake til deg som en praktfull krone som aldri vil gå tapt.

Noen ganger vil du kanskje spørre deg selv, "Den personen burde være perfekt på alle måter, siden han har lignende standpunkter som Herren og er veldig trofast når det kommer til Guds arbeide. Men hvorfor har han fremdeles ondskap i seg?"

I et slikt tilfelle er han ennå ikke fullstendig renset fordi han kjemper mot hans synder, men han gir ære til Gud ved å gjøre sitt beste for å fullføre hans forpliktelse. Derfor vil han få en praktfull krone som aldri vil forsvinne.

Hvorfor heter den så "den praktfulle kronen?" De fleste

mennesker mottar en premie minst en eller to ganger i deres liv. Jo større premie du mottar, jo lykkeligere og mer skrytende blir du. Når du senere ser deg tilbake, begynner du å føle at all æren på denne jorden er verdiløs. Det er på grunn av at fortjeneste sertifikatet blir til slutt bare et utslitt stykke papir, troféen blir dekket med støv, og hukommelsen som en gang var så sterk, blir uklar.

Men tvert imot vil æren som du mottar i himmelen aldri bli forandret. Det er derfor at Jesus forteller oss, *"Men samle dere skatter i himmelen, hvor hverken møll eller rust tærer, og hvor tyver ikke bryter inn og stjeler"* (Matteus 6:20).

Derfor, "den praktfulle kronen," som du sammenligner med kronene på jorden, viser oss at dens ære og klarhet vil bli evig. Ved å se at til og med en krone i himmelen er evig, kan du tenke deg hvor perfekt alt annet vil bli der.

Så hvordan kan menneskene på det lavere stedet i himmelen – i Paradiset eller det Første Kongerike – føle seg når en som bærer slik en praktful krone besøker dem? De som oppholder seg i himmelen på de lavere bostedene, tilber og beundrer folk som er høyere oppe av hele sitt hjerte, bøyer seg for ham, til og med uten å løfte deres øyne slik som folk bøyer seg ned foran kongen.

Men folk hater uansett ikke den personen, eller blir sjalue eller misunnelige på ham, fordi det er ingen ondskap i himmelen. Istedenfor ser folk på ham med respekt og kjærlighet. I himmelen, vil du ikke føle deg bekymret eller stolt i det hele tatt om du bøyer deg ned respektabelt eller mottar respekt fra andre fordi du lever på et høyere bosted. Folk viser simpelthen deres respekt eller mottar andre med kjærlighet, tar hensyn til og betrakter hverandre som et fantastisk menneske.

Det Tredje Kongerike

Det Tredje Kongerike i himmelen er for de som fullstendig lever etter Guds ord og har samme tro som en martyrium, i betraktning av at deres liv ikke er verdt noe fordi de elsker Gud høyest. Mennesker på troens fjerde nivå er klare til å dø for Herren.

Mange kristne ble drept de siste dagene til Chosun Dynastiet i Korea. I løpet av denne perioden, var det stor forfølgelse og tyrannisering mot kristendommen. Regjeringen til og med lovte belønning til de som rapporterte hvor de kristne oppholdt seg. Men misjonærene fra Amerika og Europa var til tross for dette ikke redde for å dø, men ble bare mer iherdige med å spre evangeliet. Mange mennesker ble drept helt til evangeliet begynte å blomstre akkurat som vi ser det idag.

Hvis du derfor vil bli en misjonær i et annet land, råder jeg deg til å ha den samme troen som en martyr. Selv om en lider av vanskeligheter mens han arbeider som en misjonær i utlandet, vil han kunne arbeide med glede og takknemlighet der fordi han vet at han vil bli rikelig belønnet for hans lidelser og smerter i himmelen.

Noen tenker kanskje, 'Nå bor jeg i et land hvor det ikke er noen forfølgelse fordi det er religionsfrihet her. Men jeg føler meg forferdelig fordi jeg ikke kan dø for Guds rike selv om jeg har sterk nok tro til å dø som er martyr.' Men, det er imidlertid ikke tilfelle. Nå for tiden trenger du ikke å dø som en martyr for å spre gospelet som i kirkenes tidligere tider.

Selvfølgelig, burde det være martyrer hvis det var nødvendig. Men hvis du kan gjøre mere arbeide for Gud med troen enn ved å til og med ofre ditt liv, ville han bli like tilfreds med deg, selv om du ikke dør akkurat som en martyr? Gud som søker etter ditt hjerte vet for øvrig hva slags tro du vil vise frem i livstruende situasjoner for evangeliet; Han kjenner dybden og centeret av ditt hjerte. Det vil kanskje være bedre for deg å leve som en levende martyr, som et gammelt ordspråk forteller oss, "Å leve er vanskeligere enn å dø."

I vår hverdag, kan vi komme over mange livsviktige ting som krever at vi har martyrens tro. For eksempel, å faste og be dag og natt er umulig uten en sterk viljestyrke og tro fordi man faster og ber for å kunne motta Guds svar ved å risikere å dø. Hva slags mennesker kan så komme inn til det Tredje Kongerike i himmelen? De som er helt renset kan komme inn dit.

I kirkens tidligere dager, når det var mange mennesker som ville dø for Jesus Kristus, hadde mange kanskje vært kvalifisert til å komme til det Tredje Kongerike. Men idag er det bare ytterst få mennesker som er spesielt fremstående, fordi de har kastet bort deres synder i Guds nærvær og som kan komme inn i det Tredje Kongerike siden menneskenes ondskap er så stor her på jorden.

De med fadernes tro kan komme inn til det Tredje Kongerike fordi de kaster bort alle synder ved å overvinne all slags besvær og prøver, ved å bli helt renset, og ved å være trofaste helt til døden. Gud anser dem derfor som kjærlige, lar engler og himmelens vert forsvare dem, og beskytter dem med en sky av lovprisning.

Livets krone

Hva slags krone vil mennesker i det Tredje Kongerike få? De vil få i belønning livets krone, akkurat som Jesus lover i Johannes' åpenbaring 2:10, *"Vær trofast til døden, så vil Jeg gi deg livets*

krone."
"Å være trofast" betyr ikke simpelthen bare at du er trofast med din forpliktelse i din kirke. Det er veldig viktig å kaste vekk all slags ondskap ved å kjempe mot din synd helt til du blør uten å kompromittere med verden. Når du fullfører et rent og hellig hjerte ved å kjempe mot syndene helt til døden, vil du motta livets krone.

Også, livets krone vil bli gitt til deg når du viser dine naboer og venner ditt liv, og når du holder ut i prøver etter at du har motstått testen (Johannes evangeliet 15:13; Jakobs brev 1:12).

For eksempel, når mennesker støter på prøver, vil mange av dem motvillig holde ut uten et takknemlig hjerte, bli sinte uten utholdenhet, eller klage til Gud.

På den annen side, hvis noen kan overvinne noensomhelste prøver med glede, vil han kanskje bli ansett som å ha blitt helt renset. En som elsker Gud veldig høyt kan bli trofast helt til døden og overvinne alle slags prøver med glede.

Det er forøvrig også store forskjeller på kvalitetene av menneskers liv avhengig av om de oppholder seg på Troens Første, Andre, eller Tredje nivå. De onde kan ikke engang skade en person på troens fjerde nivå. Selv når en spesiell sykdom angriper ham, vil han med en gang vite om det.

Han legger derfor sin hånd på den syke delen av hans kropp, og så vil det ganske snart forsvinne. Hvis en person er på troens femte nivå, kan ingen sykdommer gripe fatt i ham fordi ærens lys omringer ham til alle tider.

Guds hovedgrunn for å kultivere menneskene på jorden er for å oppfostre og vinne sanne barn som kan komme inn til det Tredje Kongerike og høyere. Alle bosteder i himmelen er vakre og lykkelige å bo i, men himmelen i den egentlige forstand er det Tredje Kongerike og høyere hvor Guds hellige og perfekte barn kan komme inn og bo. Det er et område som er satt tilside for Guds sanne barn som har levd ifølge Guds vilje. Der kan de se Gud ansikt til ansikt.

Videre, fordi kjærlighetens Gud vil at alle skal komme til himmelens Tredje Kongerike eller høyere, hjelper Han deg så du kan bli renset ved hjelp av den Hellige Ånd og ved å gi deg Hans nåde og makt når du ber iherdig og hører på livets ord.

Salomos ordspråk 17:3 forteller oss, *"Der er digel for sølv og ovn for gull; men den som prøver hjertene, er Herren."* Gud renser hver og en av oss for å gjøre oss til Hans sanne barn.

Jeg håper at du vil fort bli renset ved å kaste vekk dine synder og ved å kjempe mot de helt til du begynner å blø, og får den perfekte troen som Gud ønsker at vi skal ha.

Nye Jerusalem

Det mere du kjenner til himmelen, det mere mystisk vil det bli. Det Nye Jerusalem er det vakreste stedet i himmelen og det inneholder Guds trone. Noen vil kanskje misforstå og tenke at alle de frelsede sjelene vil bo i det Nye Jerusalem, eller at hele himmelen er det Nye Jerusalem.

Men, det er imidlertid ikke tilfelle. I Johannes' åpenbaring 21:16-17, dimensjonene til byen det Nye Jerusalem er notert: vidden, lengden, og høyden er hver rundt 2,400 kilometer lang. Dens omkrets er omkring 8,600 kilometer. Det er et område litt mindre enn Kinas' Forbydde By.

Himmelen kan være overfylt med alle de frelsede sjelene hvis alt som befinner seg i himmelen er det Nye Jerusalem. Men himmelens kongerike er utrolig romslig, og det Nye Jerusalem er bare en del av det.

Hvem er så kvalifisert til å komme inn i det Nye Jerusalem?

Salige er de som tvetter sine kjortler, så de må få rett til livsens tre og gjennom portene komme inn i staden (Johannes' åpenbaring 22:14).

Her refererer "kjortler" til ditt hjerte og gjerninger, og "tvette sine kjortler" betyr at du forbereder deg som en brud til Jesus Kristus i god oppførsel idet du fortsetter med å rense ditt hjerte.

"Rettigheten til livets tre" viser at troen vil spare deg og gå til himmelen. For å "gå gjennom portene til staden" betyr at du vil gå forbi perleportene til det Nye Jerusalem etter at du har passert portene til hver av himmelens riker ifølge din tros utvikling. Det vil si, opp til det punktet hvor du er renset kan du komme nærmere den Hellige Byen hvor Guds krone befinner seg.

Du kan derfor komme inn til det Nye Jerusalem bare når du oppholder deg på troens femte nivå hvor du tilfredstiller Gud ved å bli helt renset og er trofast i alle dine gjerninger. Troen som er tilfredstillende til Gud er den typen som er troverdig nok til å til og med røre ved Guds hjerte og la Ham spørre deg, "Hva skal jeg gjøre for deg?" selv før du spør Ham om noe. Dette er den perfekte spirituelle troen, troen til Jesus Kristus som oppførte seg på alle måter etter Guds hjerte.

Jesus var selve Gud, men Han betraktet seg ikke likeverdig med Gud. Han gjorde seg selv til ingenting, ved å gjøre seg selv til en tjener. Han ydmykte seg selv og holdt seg lydig til han døde (Paulus' brev til Filipperne 2:6-8).

Derfor fornemmet Gud Ham til det høyeste stedet og ga Ham navnet som ligger over alles navn (Paulus' brev til Filipperne 2:9), æren ved å sitte på den riktige siden av Gud, og makten med å være kongenes Konge, og herrenes Herre.

På samme måte, for å kunne komme inn til det Nye Jerusalem, burde du være lydig helt til du dør akkurat som Jesus hvis det er Guds vilje. Noen av dere vil kanskje spørre dere selv, "Det virker som det å være lydig helt til døden er utenfor min evne. Kan jeg komme til troens femte nivå?"

En slik tilståelse kommer virkelig fra din svake tro. Etter at du lærer om det Nye Jerusalem, ingen av dere vil gi slik en tilståelse, mens du blir mer og mer håpefull for det evige liv på et slikt vakkert sted.

Akkurat som jeg kortfattet beskriver de karakteristiske egenskapene og æren til det Nye Jerusalem, burde du utvide din fantasi og nyte lykken og de sjarmerende syn til den Hellige Byen.

Skjønnheten til det Nye Jerusalem

Akkurat som når bruden forbereder seg selv til å bli det vakreste og mest elegante for å møte hennes brudgom, forbereder og dekorerer også Gud det Nye Jerusalem på den skjønneste måten. Bibelen snakker om det i Johannes' åpenbaring 21:10-11:

> *Og han førte meg i ånden bort på et stort og høyt fjell og viste meg den hellige stad i Jerusalem, som*

steg ned av himmelen fra Gud. Den hadde Guds herlighet, og dens lys var som den kosteligste sten, som krystallklar jaspis.

I tillegg til dette, er veggen laget av jaspis og veggen til staden hadde tolv underlag. De tolv portene er laget av tolv perler, hver port er laget av en enkelt perle, og byens store gate var laget av rent gull, akkurat som gjennomsiktig glass (Johannes' åpenbaring 21:11-21).

Hvorfor har Gud beskrevet i detaljer om veien og veggen blandt de andre store og vakre bygningene i byen? I denne verdenen, er det gullet som menneskene ser som mest verdifulle og gjerne vil ha. Mennesker foretrekker gull fordi det ikke bare er vakkert, men også fordi det aldri taper verdi selv i tidenes løp.

Men, i det Nye Jerusalem, til og med veiene som folk spaserer på er laget av gull, og veggen i byen er laget av forskjellige juveler. Kan du forestille deg hvor vakkert andre karakteristiske egenskaper innenfor byens vegger vil være? Derfor beskriver Gud veien og veggen til byen på denne måten.

Byen trenger heller ikke solen eller lamper til å skinne på den, fordi Guds lys gir den lys og det vil aldri bli natt. Det er elven med Livets Vann, like klar som krystall, som flyter fra Guds trone og fra Lammet ned gjennom midten av byens store vei.

På hver side av Elven ligger gull og sølv strender og livets tre, bærende på tolv avlinger med frukt, og gir sin frukt hver måned. Mennesker spaserer rundt i havene som Gud har dekorert med forskjellige trær og blomster. Overalt i byen er det fylt med lykke og fred på grunn av det strålende lyset og kjærligheten til vår Herre Jesus Kristus, hvor ingen av dem riktig kan bli beskrevet med ord.

Bare ved å se de strålende og praktfulle scenene der, vil du bli henrykket: herskapshus som er laget av gull og juveler, og gjennomsiktige og klare gyldne veier med blendende lyster. Det er verdenen utenfor din fantasi og dens ære og verdighet som ikke kan måle seg med noe annet.

Og staden trenger ikke solen eller månen til å lyse for seg; for Guds herlighet opplyser den, og Lammet er dens lys (Johannes' åpenbaring 21:23).

Og jeg så en ny himmel og en ny jord; for den første himmel og den første jord var veket bort, og havet er ikke mere. Og jeg så den hellige stad, det Nye Jerusalem, stige ned av himmelen fra Gud, gjort istand som en brud som er prydet for sin brudgom (Johannes' åpenbaring 21:1-2).

Hvem er så slik en vakker Hellig By laget for? Gud har laget det Nye Jerusalem klar til, blandt alle de som er frelst, Hans sanne barn som er hellige og perfekte akkurat som Han selv. Det er derfor Gud anbefaler oss å bli helt frelst ved å si: *"Avhold dere fra allslags ondt"* (Paulus' første brev til tessalonikerne 5:22), *"Dere skal være hellige; for jeg er hellig"* (Peters 1. brev 1:16), og *"derfor skal dere være fullkomne, likesom deres himmelske Fader er fullkommen"* (Matteus 5:48).

Men selv om folk har blitt fullstendig renset, vil noen gå inn til det Nye Jerusalem, mens andre vil bli i himmelens Tredje Kongerike hvor det kommer an på hvor mye de ligner Herrens hjerte og hvor mye de har oppnådd i gjerninger. Mennesker som går inn til det Nye Jerusalem er ikke bare renset, men de tilfredstiller Ham også ved å forstå Hans hjerte og adlyder Ham helt til slutten, ifølge Hans vilje.

Hvis du går utifra at det er to sønner i en familie. En dag kom faren hjem fra jobbe og sa at han var tørst. Den eldste sønnen visste at hans far foretrakk brus, så han ga hans far et glass brus. I tillegg masserte han hans far og hjalp han med å føle seg avslappet. I motsetning, brakte den yngste sønnen han en kopp med vann og gikk så tilbake til hans rom for å studere. Av de to, hvem gjorde faren mer komfortabel og tilfreds, med tanke på hvor godt de kjente sin far? Helt sikkert den eldste sønnen.

På samme måte er det en forskjell mellom de som går inn til det Nye Jerusalem og de som går inn til himmelens Tredje Kongerike med målingen på hvor mye de tilfredstilte Gud og hvor trofaste de var på alle måter, med forståelse om Guds hjerte.

Jesus skiller mellom troen på det femte nivået som Guds tilfredstillende tro for å kunne la deg dypere forstå Guds vilje. Gud forteller oss at Han er veldig tilfreds med mennesker som er blitt renset med troen. Gud sier at Han er lykkelig med de som er ivrige til å frelse mennesker ved å spre evangeliet. Gud sier at de som trofast utvider Hans kongerike og rettferdigheten er fantastiske i Hans øyne.

Gullkronen eller rettferdighetskronen

For menneskene i det Nye Jerusalem, gullkronen eller rettferdighetskronen vil bli gitt som belønning. De kronene er de mest ærede i himmelen og de blir bare brukt ved spesielle anledninger som for eksempel en stor fest.

Johannes' åpenbaring 4:4 sier, *"Og rundt omkring tronen var det fire og tyve troner, og på tronene så jeg fire og tyve eldste sitte, klædd i hvite klær, med gullkroner på sine hoder."* Fire og tyve eldste er kvalifiserte til å sitte rundt Guds trone. Her refererer ikke "de eldste" til de som holder stillingen i kirken som en eldste, men mennesker som er anerkjent som de som følger etter Guds hjerte. De er helt renset og fullfører både synlig og usynlig helligdom i deres hjerter.

I Paulus 1. brev til korintierne 3:16-17, forteller Gud oss at Hans Ånd tar våre hjerter som et hellig rom. Derfor vil Han "ødelegge" alle som setter skam på det hellige rommet. Å bygge et usynlig hellig rom for hjertet er å bli en mann av ånd ved å kaste vekk dine synder, og bygge et synlig rom er å fullstendig fullføre din forpliktelse i denne verdenen.

Nummeret "fire og tyve" av "fire og tyve eldre" står for alle menneskene som ikke bare kommer gjennom porten til frelse, ved troen akkurat som de tolv folkestammene fra Israel, men som også er fullstendig renset som Jesus' tolv apostler. Akkurat som du er anerkjent for å være Guds barn på grunn av din tro, blir du en av Israels folk, og i tillegg vil du kunne komme inn til det Nye Jerusalem hvis du er renset og trofast akkurat som Jesus' tolv disipler var. "Fire og tyve eldre" symboliserer folkene som er fullstendig frelst, fullstendig trofaste i deres forpliktelse, og anerkjent av Gud. Han belønner dem gullkronen fordi de har tro som er like kostbar som rent gull.

Videre gir Gud rettferdighetskronen til mennesker som ikke bare kaster bort deres synder, men som også fullfører deres forpliktelser til Hans tilfredsstillelse med tro som er tiltalende til

Gud, akkurat som Paulus gjorde. Paulus overkom mange vanskeligheter og forfølgelser for rettigheten. Han prøvde alt og led alt i troen for å oppnå Guds kongerike og rettferdigheten samme om han spiste eller drakk, eller i hva enn han gjorde; Paulus æret Gud og viste Hans makt alle steder han dro. Derfor kunne han tilstå med tillit, *"Så ligger da rettferdighetens krans rede for meg, den som Herren, den rettferdige dommer, skal gi meg på hin dag, men ikke meg alene, men alle som har elsket hans åpenbarelse"* (Paulus 2. brev til Timoteus 4:8).

Vi har undersøkt himmelen, hvordan du kan stige frem mot den, og forskjellige bosteder og kroner som blir belønnet i forhold til målingen av hver persons individuelle tro.

Kan du bli en klok kristen som ikke lenger etter forgjengelige, men evige ting, og som i troen nærmer seg himmelen og nyter evig ære og lykke i det Nye Jerusalem, i vår Herres Jesus Kristi navn jeg ber!

Forfatteren:
Dr. Jaerock Lee

Dr. Jaerock Lee ble født i Muan, Jeonnam Province, republikken Korea, i 1943. Når han var i tjueårsalderen, led Dr. Lee av forskjellige uhelbredelige sykdommer i sju år og ventet på å dø uten håp om å bli helbredet. En dag på våren 1974 ble han imidlertidig ført til kirken av hans søster og når han knelte ned for å be, da helbredet Gud ham med det samme.

Fra det øyeblikket Dr. Lee møtte den levende Gud gjennom denne vidunderlige erfaringen, har han elsket Gud med hele hans hjerte og med all oppriktighet, og i 1978 ble han utpekt for å bli Guds tjener. Han ba iherdig med uttallige fastende bønner slik at han klart kunne forstå Guds vilje, fullstendig forstå det og adlyde Guds Ord. I 1982 startet han Manmin Sentral Kirken i Seoul, Korea, og det skjedde mangfoldige arbeider fra Gud, inkludert vidunderlige helbredelser, tegn og undere i denne kirken.

I 1986 ble Dr. Lee presteviet som en prest ved den Årlige Forsamlingen til Jesus' Sungkyul Kirken i Korea, og fire år etterpå i 1990, begynte hans gudstjeneste å kringkaste i Australia, Russland, Fillipinene, og mange flere gjennom Den Fjerne Østens Kringkastingsfirma, den Asias Kringkastings Stasjonen, og Washington Kristelige Radio System.

Tre år senere i 1993, ble Manmin Sentral Kirken valgt som en av "Verdens 50 Beste Kirker" av det *Christian World* magasinet (US) og han mottok en Æret Guddommelig Doktorgrad fra Christian Faith College, Florida, USA, og i 1996 fikk han en Doktorgrad i filosofi i Menigheten fra Kingsway Theological Seminary, Iowa, USA.

Siden 1993 har Dr. Lee vært i spissen for verdens verdens evangelisering gjennom mange utenlandske kampanjer i Tansania, Argentina, L.A., Baltimore, Hawaii, og New York City i USA, Uganda, Japan, Pakistan, Kenya, og Filippinene, Honduras, India, Russland, Tyskland, Peru, Den Demokratiske Republikk i Kongo, Israel og Estonia.

I 2002 ble han kaldt "verdens vekkelsespredikant" av store Kristelige aviser i Korea for hans mektige menigheter i de forskjellige utenlandske kampanjene. Hans 'New York Kampanje 2006' som ble holdt i Madison

Square Garden, den mest verdensberømte arenaen, ble spesielt kringkastet til 220 nasjoner, og i hans 'Israel Samlede Kampanje 2009' som ble holdt i det Internasjonale Konferanse Senteret i Jerusalem proklamerte han modig at Jesus Kristus er Messias og Frelseren. Hans gudstjeneste er kringkastet til 176 nasjoner via satelitter inkludert GCN TV og han ble satt som en av de 10 Mest Inflytelsesrike Kristelige Ledere i 2009 og 2010 av det Russiske populære Kristelige bladet *In Victory* og det nye firma *Christian Telegraph* for hans mektige TV kringkasting menighet og den utenlandske menigheten med kirkeprester.

Fra september 2016 og fremover har Manmin Sentral Kirken en menighet på mer enn 120,000 medlemmer. Det finnes 11,000 søster kirker rundt omkring på kloden inkludert 54 innenlandske søster kirker, og opp til nå har mer enn 102 misjonærer blitt sendt til 23 land, medregnet Amerika, Russland, Tyskland, Canada, Japan, Kina, Frankrike, India, Kenya, og mange flere.

Opp til datoen av denne utgivelsen har Dr. Lee skrevet 105 bøker, inkludert bestselgeren *Å Smake på Det Evige Livet Før Døden*, *Mitt Liv Min Tro I & II*, *Korsets Budskap*, *Troens Målestokk*, *Himmelen I & II*, *Helvete*, og *Guds Makt*. Hans arbeider har blitt oversatt til mer enn 76 språk.

Hans kristelige spalter står skrevet i *The Hankook Ilbo*, *The JoongAng Daily*, *The Chosun Ilbo*, *The Dong-A Ilbo*, *The hankyoreh Shinmun*, *The Seoul Shinmun*, *The Kyunghyang Shinmun*, *The Hankyoreh Shinmun*, *The Korea Economic Daily*, *The Korea Herald*, *The Shisa News*, og *The Christian Press*.

Dr. Lee er for tiden lederen av mange misjonsorganisasjoner og foreninger: inkludert Formann, The United Holiness Church of Jesus Christ; Permanent President, The World Christianity Revival Mission Association; Founder & Board Chairman, Global Christian Network (GCN); Founder & Board Chairman, World Christian Doctors Network (WCDN); and Founder & Board Chairman, Manmin International Seminary (MIS).

Andre prektige bøker fra den samme forfatteren

Himmelen I & II

Et detaljert utdrag av de forferdelig flotte omgivelsene som de himmelske innbyggerne nyter og vakker beskrivelse om forskjellige nivåer av de himmelske kongerikene.

Korsets Budskap

Et mektig og oppvekkende budskap for alle menneskene som sover åndelig! I denne boken vil du finne grunnen til at Jesus er den eneste Frelseren og Guds virkelige kjærlighet.

Helvete

Et oppriktig budskap til alle mennesker ifra Gud, som ikke ønsker at en eneste sjel skal falle inn i dypet av helvete! Du vil oppleve en beretning som aldri før har blitt avslørt om den grusomme virkeligheten til det Lavere Dødsrike og helvete.

Å Smake På det Evige Livet Før Døden

En attesterende biografi av Dr. Jaerock Lee, som ble nyfrelst og reddet fra dødens skygge, og som har levet et perfekt og eksemplarisk kristelig liv.

Mitt Liv, Min Tro I & II

Den vakreste åndelige duften fra livet som blomstret sammen med en uforlignelig kjærlighet for Gud, midt i de mørke bølgene, kalde åkene og de dypeste fortvilelsene

www.urimbooks.com

www.ingramcontent.com/pod-product-compliance
Lightning Source LLC
LaVergne TN
LVHW041756060526
838201LV00046B/1026